SPEAKING
ACTIVITIES✕
NEGOTIATION

授業をグーンと
楽しくする
英語教材シリーズ
41

即興的に話す交渉力を高める！
中学校英語
スピーキング活動
アイデア&ワーク

千菊基司 著

明治図書

はじめに

　高等学校の新学習指導要領では「話すこと [やり取り]」の言語活動例の中に「交渉」というキーワードが出てきます。ウェブ検索で「交渉」と打ち込んで,「画像」を見ると,ほとんどビジネスシーンのものです。では,交渉とはビジネスの中だけのことなのでしょうか？　そんなことはないはずです。どこで昼食を食べるか,部屋の窓を開けるべきかどうか。こんなことについても,私たちは日々,だれかと「交渉」して合意形成しています。そう考えると,交渉する言語活動を,やり取りを行うスピーキング指導の中で,高校だけとは言わず,中学でも自然に導入することができ,英語学習の到達目標を,これまでよりも高く設定することにつなげられるのではないでしょうか。

　多様性が前提とされる社会では,話し合ってトラブルを解決することが必要です。その際,相手の価値観を尊重することも大切ですが,そればかりでは,自分にとって生きづらい世界に身を置くことになります。相手との信頼関係を損なうことなく,自分が望む結果をどのように手に入れるか,「交渉力」が問われます。

　ゴネる,という言葉はネゴシエーションからきているようですが,交渉＝自分の都合の押し付け,のように考えられてきた面があります。以前私の担当していた生徒に,交渉に対してのイメージや,交渉は得意かどうかと聞いたところ,否定的な返答がほとんどでした。むしろ,信頼できるだれかに決めてもらって,その通りやっておいた方が楽だと感じていたようでした。ごく親しい,善意あふれる人間関係の中で日々過ごしていると,それでよいのかもしれません。交渉は人と争うことだから避けたい,また,得意だと思っていても,相手を自分に従わせることが交渉の目的と思っていた生徒も多々いました。

　相手が気づいていない価値や考え方に気づいてもらうことを話し合いの目標とすれば,交渉は協力のプロセスの始まりとなり,双方の努力でよりよい結果が見込めると期待できるようになります。交渉とは双方にメリットのある,Win-Winと呼ばれる状態を目指すべきであるというのは,このような考え方によるものです。日本語を使っている日頃の生活では不慣れな活動を英語でやる,というのも新鮮で,英語使用の意義が深まります。交渉成立後にはハッピーな気分になれるような,そんな言語使用を,英語を通じて中学生・高校生ができるようになってほしいと考え,自分のこれまでの実践を,1冊にまとめて紹介しようと決意しました。

　交渉を目的とした言語使用は,論理的に考えた準備に基づいて発話する部分と,話し合いの場で折り合いをつけるための,素早い判断に基づく,即興での言語使用が必要な部分があります。これまでのスピーキング活動をバージョンアップしたい方,新しい大学入試にも対応できるスピーキング力を生徒につけたい方に,ぜひ手に取っていただければと思っています。

2019年1月　　　　　　　　　　　　　　　　　　　　　　　　　　　　　千菊　基司

本書の構成と使い方

　Chapter 1 では，高等学校新学習指導要領に登場する「交渉」とはどのようなものかを概観し，その成功に必要な，即興的にやり取りできる力がついているとはどのような状態なのか，発話のプロセスを踏まえて考察し，さらに効果的にスピーキング力をつけるには，英語授業がどうあるべきかを整理します。対話文を暗唱して発表させるだけだったり，話す内容を紙に書いてそれを読み上げるだけだったりということで「話すこと」の活動を終わらせず，話し相手との会話の流れの中で，臨機応変に話す内容を考えることが必要な活動の設計の原則を見ていきます。

　Chapter 2 では，即興的にやり取りできる力を高めるために取り組ませたい活動を紹介します。どのような活動を行えば，やり取りを行える技能が身につくのか。この疑問を解決するため，「帯活動」として実施できる，具体的な活動例をあげていきます。実際の授業のイメージが湧きやすいように，ワークシートのページもあります。

　Chapter 3 では，それらを授業プランとして提示します。Chapter 2 で紹介した活動を帯活動として用いてスキルを磨き，必要な表現を使える状態にし，タスクを通じて英語力を総合的に高め，達成度を評価できるテストを含むプランになるよう，単元計画と指導案を提示します。

　各活動の説明には，「対象学年」が示されています。これは，その活動を行うのに必要な言語材料を根拠とし，中学校の最も早く実施できる学年を示しました。ですから，対象学年以前での実施は難しいと思われますが，逆にそれより後の学年で実施するのであれば，スキルの習熟の度合いやすでに馴染んでいる表現の多寡によって，目標を達成するまでの時間配分を変更したり，あるいは，語彙リストや「対話の展開モデル」を参照するような支援を極力簡略化したり，生徒の自律的な学習態度を育成することに重きを置くことで対応ができるでしょう。

　授業プランの説明も同様で，対象学年の指定は，必要な言語材料や言語機能を根拠としていますので，その学年より後で実施しようとする場合は，帯活動でスキルアップするステージを短くして，ロールプレイにしっかり時間をかけることが可能になります。ロールプレイは，中高生が身近に感じることのできる設定で作っていますので，生徒は同級生とのやり取りを純粋に楽しめるでしょう。

Contents

はじめに 002
本書の構成と使い方 003

Chapter 1 即興的に英語を話す力を育てる英語授業

1　即興的に話せる生徒を育てるキーワードは「交渉」 007
1　即興的に話す力につながる「交渉」とは 007
2　英語授業での「交渉」とは 008
3　即興的なスピーキング力を育てる３つのしかけ 009

2　即興的に話す力をつける授業デザイン３つの視点 013
1　視点１　交渉の段階を意識する 013
2　視点２　パフォーマンス課題のルーブリックを作成する 014
3　視点３　３年間の指導を考える 017

Chapter 2 即興的にやり取りする力を育てる指導技術＆スピーキング活動

1　即興的に話す力をつける指導技術 022
1　The 4/3/2 technique を応用する３つのポイント 022
2　ペアワークを成功させる４つのコツ 023
3　成功するペアのつくり方ルールと指示に使える英語表現リスト 024

2　帯活動でスキルが身につく即興的なスピーキング活動アイデア 026

「やり取り」に必要なスキルを高める活動

① 相手の言葉に言葉で反応しよう（対象：1・2年）.....026
② "Conversation Strategies"で「やり取り」の質を高めよう（対象：3年）.....033

詳しく説明する力を高め，話題に必要な語彙を活性化する活動

③ 時系列に注意して出来事を説明する表現に慣れよう（対象：1～3年）.....043
④ 出来事を順序よく話そう（対象：1～3年）.....053

論理的に話す力を高める活動

⑤ 相手の言いたいことを短くまとめて確認しよう1
　　リスニング→スピーキング・ライティング（対象：2・3年）.....061
⑥ 相手の言いたいことを短くまとめて確認しよう2
　　リーディング→ライティング（対象：2・3年）.....069
⑦ 自分の価値観を相手に説明しよう（対象：2・3年）.....074

「やり取り」を継続する表現を身につける活動

⑧ 交渉に便利な表現を身につけよう（対象：2・3年）.....088

3　TASKで使えるスピーキング活動アイデア 094

⑨ ロールプレイで合意形成のための話し合いを体験しよう（対象：1～3年）.....094
- ■タスク1　友人の提案を断ろう
- ■タスク2　キャンプ行事にはテントと小屋のどちらがふさわしいか
- ■タスク3　修学旅行中の観光は，グループ単位か，クラス単位か
- ■タスク4　子どもの将来に関して親子間で意見交換をしよう
- ■タスク5　デートの行き先について合意形成をしよう

4　生徒が学びを実感できるまとめ・振り返り活動アイデア 112

⑩ リフレクションシートでパフォーマンスを振り返ろう（対象：1～3年）.....112
- ■タイプ1　交渉の場面で使われる表現の使用を意識させるリフレクションシート
- ■タイプ2　交渉の段階性を意識させるリフレクションシート
- ■タイプ3　発言の論理性を意識させるリフレクションシート

Chapter 3 即興的なスピーキング力を高める授業プラン&パフォーマンステスト

1 生徒が即興的に話すようになる授業技術 119
- 1 指示や助言をしすぎないようにする 119
- 2 説明をするより活動をさせる 119

2 授業プラン&パフォーマンステスト 120

中学2年の授業プラン&パフォーマンステスト
- ① 相手の提案に対して異なる意見を言う 120
  - ■パフォーマンステスト　試合会場への移動は電車か自転車か
- ② 学校行事のあり方に関する意見交換　1 125
  - ■パフォーマンステスト　家族キャンプはテント泊かキャビン泊か

中学3年の授業プラン&パフォーマンステスト
- ③ 学校行事のあり方に関する意見交換　2 130
  - ■パフォーマンステスト　修学旅行は，行先を選択性にすべきか，みんなで同じ場所に行くべきか
- ④ 進路決定に関する親子間の意見交換 135
  - ■パフォーマンステスト　通学時間は無駄な時間か

Column
1. 相手の話を「まとめる」ことの大切さ 066
2. 論理的に意見を言う時にできれば意識させたいこと 081
3. 授業を受けた生徒の感想 116

おわりに 140

Chapter 1 即興的に英語を話す力を育てる英語授業

1 即興的に話せる生徒を育てるキーワードは「交渉」

1 即興的に話す力につながる「交渉」とは

　交渉とは「複数の人が，将来の協力行動について約束するための話し合い」だと定義できますが，大別すると「配分型交渉」と「統合型交渉」があります。前者は利益の奪い合いで，利益の均等な分割以外の結果は常に勝者と敗者を生みます。一方後者は，交渉開始前に当事者が異なる重みづけをしている交渉事項を交渉に持ち込むことによって，最終的な利益を拡大し，その配分が平等でなくても，交渉開始時に想定されていた以上の利益を得ることが可能です。

　交渉には典型的には3段階あり，（1）情報交換，（2）取引，（3）合意，と大別されます（Koester, 2014）。情報交換の段階では，当事者が問題を共有し，争点の明確化を行いつつ，相互の信頼関係を築きます。相手の交渉力や状況を調査し，内部でも交渉目標と代替案を準備し，交渉戦術を立案します。取引の段階では，論理的に当事者が意見を説明し，代替案の提案と検討によって，話し合いを進めていきます。合意の段階では，双方の利害の調整のために，お互いの提案の意図を確認し，結論の提案を行います。ただし，会話がこの3つの段階を直線的に進んで発展するとは限らない点には留意する必要があります。

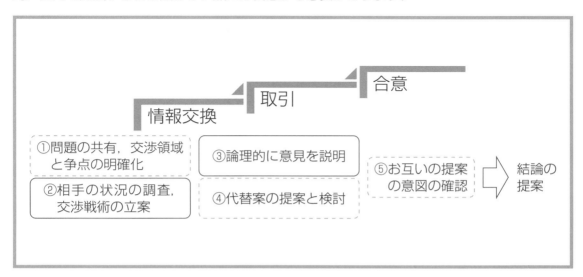

図1　交渉の段階性と言語使用の特徴（図中の点線の囲みは「やり取り」を伴います）

交渉の段階性と，各段階での言語使用の目的を図示すると，前ページ図１のようになります。交渉の段階性を意識することで，交渉の準備を先んじることができ，話し手は，余裕をもって「やり取り」を展開することができます。そして，交渉を成功させるための言語使用には，「論理的に話す」ことと，「聞き手の感情に配慮する」の２点が大切になります。

2 英語授業での「交渉」とは

　交渉は，広い意味では問題解決のために行う「話し合い」ですから，従来から英語授業で行われてきたディベートやディスカッションと共通する要素があるはずです。それらと比較し，交渉を行う言語活動がどのように異なるのか，整理しておきましょう。

　ディベートでは，１つの論題に対して対立する２組が，相手をそれぞれ説得することを目的に議論を展開します。意見交換は，議論の優劣をつけるのが目的で，採点基準があり，優劣の判定は，第三者の聞き手が行います。

　ディスカッションとは，与えられた状況・問題・議題について，参加者が意見を交わすことを目的とした話し合いです。初めに立場を明らかにする必要はなく，途中で立場を変えてもかまいません。合意形成が目的とは限りませんが，考えがまとまることが理想とされています。

　交渉は，関係者が将来共同で行動するにあたっての，意思決定を行う過程を指します。主張の客観性や論理性も大切ですが，関係継続を意識したかけひきが，説得につながります。相手の気持ちを大切にする配慮や，情に訴える戦術も時に必要です。決着のつけ方に一定のルールがあるわけではないことは，交渉を難しくする大きな要因です。交渉は，立場に合わせて発言する展開が常ですから，ロールプレイで言語活動を行うことが必要になります。

　具体的には，同じテーマの「話し合い」を，次のように異なる目的をもった３種類の言語活動として展開することができます。

・ディスカッション
　　都会で１人暮らしをして過ごす大学生活の長所・短所を，自宅から地方の大学に通うことと比べて（ペアやグループで）論じなさい
・ディベート
　　「大学生活は，親元を離れて１人暮らしをして過ごすべきである」について討論しなさい。
・交渉
　　あなたは広島県在住の高校３年生です。大学４年間はぜひとも親元を離れて東京の私立大学で過ごしたいと考えています。自宅から通える国公立大学で同期間を過ごしてほしいと考えている両親から，理解と経済的援助を得られるように，交渉しなさい。

---

3 即興的なスピーキング力を育てる3つのしかけ

①コード化（英語で表現する作業）に意識をできるだけ集中させる

　英語の「やり取り」の際，つまり「英会話」でペラペラ話せるというのは，どんな状態でしょうか。一言で言うと，準備していなくても言葉がたくさんすらすらと出てくるというイメージでしょうか。言いたい内容を表す英語の表現を探す段階でもたもたしていては，聞き手が困ってしまいますよね。第2言語での発話を阻害する要因の中でも，母語との語彙知識の差は，多くの人が日常的に感じる困難でしょう。だからといって，必要な語彙リストを常に指導者が用意していれば，実際の言語使用場面で学習者が直面する，必要な語彙を引き出しながら話す経験をさせることができません。そのようなリストは，学習者の発想をいたずらに制限することにもなりかねません。聞き手が待ってくれているタイミングで，話し手が言いたいことを言うのに必要な語彙を引き出して話せるようになるには，どのような練習が必要なのでしょうか。

　Levelt（1989）は，発話の過程を，概念化（話す内容を大まかに決める），形式化（話したい内容を言語に変換する），調音化（発音する）の3段階で説明しています（**図2**）。発話までのそれぞれの段階で，発話に向けて意識されることを取り上げ，それらがどのように，阻害する可能性のある要因となっていくのか，次ページの**表1**で考えていきましょう。

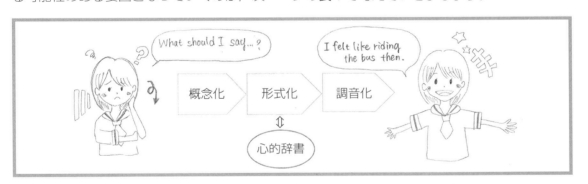

図2　簡略版・発話のプロセスモデル（Levelt（1989）を基に作成）

　私たちが英語で話す時には，項目だけで考えても，これだけのことを非常に短い間に意識しているのです（しかもこれだけではないはずです）。この作業が行われている時に，あまりにいろんなことを一度に考えてしまうと，注意が拡散してしまい，作業が途中で破綻します。つまり，**表1**の中の下線部，話そうとすることを英語で言うために必要な語彙や，「やり取り」を成立させるのに必要な定型表現の引き出しに十分注意を向けることができず，知識があっても引き出せない，という結果になることもあるのです。形式化段階の中のコード化過程において，「心的辞書」にある語彙知識を滑らかに引き出すことができるようになるには（**図2**⇔の部分が太くなるイメージ），その部分に注意を集中できる状態で練習を積み重ねる必要があるようです。

表1　発話の成立までに意識すること

例）「子どもに1人暮らしをあきらめてもらって自宅から通学するよう説得したい」
◇「概念化」段階
　・トピックに関する背景知識。　　　　　例）大学生活にいくらお金がかかるか。
　・基本的な論理展開の仕方。　　　　　　例）意見を述べた後に必ず論拠や根拠を述べる。
　・交渉を成功に導くための作戦。　　　　例）相手の言い分も必ず聞く。
◇「形式化」の段階
　・話題に関する語彙知識。　　　　　　　例）生活費を説明する英単語とそれらの語法。
　・対話を発展させる表現。　　　　　　　例）反応，質問，コメント。
　・主張を効果的に伝える表現。　　　　　例）同じ意味を表す複数の表現を知っている。
◇「調音化」の段階
　・英語特有のリズムに慣れている。
　・自分の使いたい単語の発音に慣れている。

　すでにもっている語彙や表現を引き出して話す練習にするためには，コード化以外の段階で感じる抵抗を減らす様々な支援を与えるべきです。「概念化」段階では，発言内容を考えるための関連知識を与える，対話の展開モデルを与える，同じ役割の生徒間で意見交換をさせるという支援を施せば，話す内容を考えることに意識を向けられるでしょう。「調音化」段階では，英語特有の音が出せないことが発話を阻害することもありますから，日ごろの音読練習で，正しいモデルを参照し，「英語の音作り」と呼ばれる練習に取り組ませておきましょう。この習得には一定の時間がかかるので，スピーキングの練習時には，間違って発音して別の語彙と間違えられるのでなければ，訂正などせず，黙って見逃すことも必要になるでしょう。

②同じ活動を複数回繰り返す
　英語で話せるようになる生徒を育てるには，英語で話させるだけでは不十分であるとされています。学習者によっては，最低限必要なキーワードを羅列し，意図さえ伝われば満足してしまうようです。聞き手に対し，わかりやすいメッセージを作ることが当然であるという雰囲気を教室につくることが大切ですが，それには苦痛が伴うわけですから，そのように仕向けるための「しかけ」も必要です。
　即興的に話せるのは，実は，どこかで一度話したことのある内容を，文レベルやフレーズレベルで取り出して発話を行っているからであると，心理言語学の研究成果を踏まえて指摘されています（Skehan, 1998）。単語を1つずつつなげて話しているとは考えない方がよいようです。

その手法として、あまりに普通のことのようですが、同じことを文レベルで何度も話させることが、即興的な発話に耐えられるコード化作業ができるようになるためには、非常に効果的なようです。ESL の教室で行われている実践例の多い、the 4/3/2 technique に注目しました。この活動は、Nation（1989）が実証研究で用いたものですが、スピーチ課題を 3 回繰り返して学習者に取り組ませる際、制限時間を 4 分から始め、毎回 1 分ずつ短くして取り組ませたために、このように名付けられています。同じことを繰り返して話す時に、一度使った表現を繰り返し使う場合の認知負荷は小さくなるので、コード化作業に向ける余力が生まれます。その余力を、学習者が使い慣れていない語彙を引き出すことに意識を向けるように、活動の制限時間を徐々に厳しくして負荷をかけ、生徒に伝達内容を洗練するよう挑戦させるわけです。

　Nation の研究は、モノローグ形式でパソコンに向かって発話させたデータの分析に基づいています。日ごろの英語授業の中で、パソコンに向かって話させたり、同じ相手に向かって同じトピックで何度も話させたりすると、生徒も退屈するでしょう。同じ言語活動に続けて複数回取り組ませつつも、動機づけを高く保つためには、例えばペアワークで話す相手が毎回違うようにローテーションを考えるといった、運営上の工夫が必要でしょう。

③時間を稼ぐことに慣れさせる

　「やり取り」の場面で、対話の展開が予想外であっても、自分の主張を通すには、発話機会（ターン）を相手から奪ったり、反対に、自分の話の途中で発言を相手に遮られないよう、自分のターンを維持できたりするようになる必要があります。そのために、言いたいことをずばり表す言葉が出てこなくても、とりあえず何か言う必要が生じます。

　発言するチャンスを得るためのきっかけのつくり方には様々な方法があると思われますが、相手の発言を繰り返すことが、シンプルかつ効果的です。相手の発言をそのまま復唱するだけでなく、要点のみ繰り返す、要約して繰り返す、などが考えられます。さらに、相手の発言の意図を確認したり、コメントを加えたりすることもよいでしょう。実はこうすることで、話をきちんと聞いていることがアピールできます。話し手が、誤解があると気づけば、説明を繰り返すでしょう。発言内容が伝わっているとわかれば、安心感をもてるという作用もあります。繰り返すことに慣れてくれば、その間に反論の内容を考えることも可能になります。

　スピーキング活動では、形式化段階で、言いたいことを英語に置き換える作業に集中させることが大切であると述べましたが、そのために「やり取り」においても概念化の負担を減らすことが重要であり、対話の流れをある程度固定し、まずは、やり取りを含む活動を繰り返し体験させ、必要な技能を高め、相手の発言内容にあわせて自分の発言を調整する経験をする必要があります。何度も相手を変えて体験させれば、同級生の発想の豊かさに触れ、さらに「やり取り」自体の楽しさを感じるようになり、動機づけがますます高まることも期待できます。

　本書の提示するやり取りを含む活動は、図 3 の（3）（4）の指導や練習にそのエネルギー

の多くを割くことを前提として，設計しています。そのことが可能になるためには，タスクのリアリティーが下がったとしても，発言する立場がはっきりした役割練習を教師が用意したり，（1）（2）での作業が本当の意味での「即興」にならないように，課題を予習題材として与えたり，同じ役割を演じる複数の生徒に活動前に意見交換させたりすることで，生徒に発話の中身の検討をさせる必要があるでしょう。そのように準備させて取り組ませた活動の中でも，実際の会話の展開に合わせて即興で話す内容を調整する必要があるため，英語で「やり取り」を成立させることができれば，生徒は達成感を感じ，学ぶ意欲を引き出すことができる授業となるでしょう。

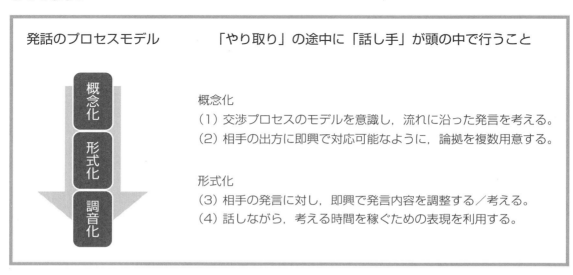

図3　発話のプロセスモデルと発話までの実際

「やり取り」を成立させる力をどのようにつけるかがわかっていただけたでしょうか。Chapter 2で紹介する様々な活動は，様々な場面で応用可能な，汎用的な力を鍛えることを優先させています。ですから，個別の話題に関連した語彙の問題を解決する方法は示していません。確かに話題によってはまったく語彙がわからずに話せない，ということが現実には起こるとは思います。ですからChapter 3で紹介する課題には，生徒が経験したことのあるような身近な場面を選び，教科書で学んだ語彙が使える状況をつくりました。身近な場面ですから，個人の経験を活かし，概念化が楽になることも間違いありません。このような条件下であれば，生徒の学習経験や基礎知識の定着の実態に応じて，足りない語彙は，「単語リスト」を加えることで対応してもらえればと思います。ただし「単語リスト」の提供は弊害もあります。例えば，生徒の発想を妨げるものにならないよう，リストに載せる単語は未習語に限るなどの配慮が必要でしょう。

2 即興的に話す力をつける授業デザイン3つの視点

即興的に話せる力を育てる言語活動の設計をしていくわけですが，本書で紹介する実践を，様々な現場に応用するために，3つのポイントに整理しておきます。

1 視点1 交渉の段階を意識する

交渉には（1）情報交換，（2）取引，（3）合意の3段階があり，各段階での言語使用には特徴がありました。またすべての段階を通じ，「論理的に話す」ことと，「聞き手の感情に配慮する」の2点が大切になります。これらの基本的なことがらを踏まえると，「やり取り」の展開に大切なことを外すことなく，交渉を目的とした「やり取り」に臨むことができます。

ただし，どのかけひきが最も効果的か，一定の法則があるとは言えないようです。また，人間関係の構築が交渉成功への第一歩と述べましたが，その方法は多様で，当事者の個性はもちろん，当事者間の関係性（立場の違い，年齢や性別の違い等）によっても異なるでしょう。また，直接体験したことのない立場で交渉妥結への道筋まで考えるのは，相当難しいでしょう。

そこで，英語の授業で行う交渉の場面を含む課題では，当事者の人間関係は，生徒の人生経験の範囲で想像可能な範囲で収まるよう設定する必要があると考えてはどうでしょうか。このことは，「やり取り」の場面において，生徒がしっかり言葉のやり取りをできるように，その過程以外の負担を減らしてタスクを設計することにつながります。具体的には，何でも話し合うことが可能だといえる，同級生の友人間のような人間関係が，練習の初期にはよいでしょう。次のステップの例として，親と子，学校の先輩と後輩，あるいは先生と生徒のような，当事者間に立場の違いなど，超えられない何かが含まれている関係を設定することで，言語使用の社会的な側面を自然に意識させることも可能になるでしょう。

交渉段階との関連で整理すると，最初の人間関係の構築がすでに終わっているとして，情報交換と取引の2段階で，お互いが意見を述べ合い，それを踏まえて相手の意見にコメントし，お互いの利益になるよう代替案を出すことまでを大きな目標とします。このような大まかな流れを固定して生徒に示すことで，生徒は考えたことを言語化する過程に集中できるようになります。活動への準備として，問題解決の観点や方法を複数準備させることや，相手の出方を予想することはとても重要です。これは，実際の交渉準備においても当てはまります。

合意の形成を，交渉を目的とした言語活動の目標にすると，活動するペアやグループによっては，制限時間を持て余すか不足することになる可能性も高く，通常クラスサイズの授業の運営には支障をきたすことが想像されます。そこで，交渉の段階モデル（図4）のうち，最初の2段階での言語使用のポイントである，

（1） 相手の意見を聞き，話の要点を理解したことや相手の価値観への共感を，言葉で示す
（2） 自分の意見を，前提となる価値観を明示し，事実でサポートしつつ，論理的に語ることができているかを指導や評価の中心に考えて，本書の指導モデルを作っていきます。

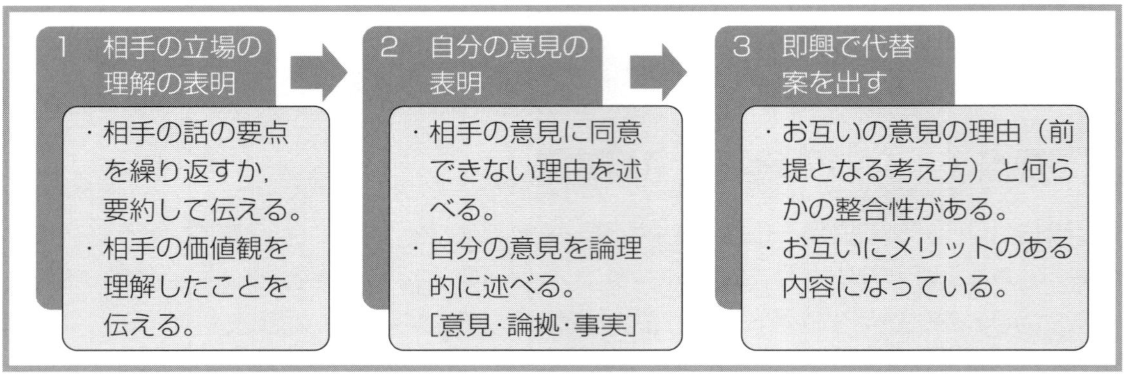

1 相手の立場の理解の表明	2 自分の意見の表明	3 即興で代替案を出す
・相手の話の要点を繰り返すか，要約して伝える。 ・相手の価値観を理解したことを伝える。	・相手の意見に同意できない理由を述べる。 ・自分の意見を論理的に述べる。 ［意見・論拠・事実］	・お互いの意見の理由（前提となる考え方）と何らかの整合性がある。 ・お互いにメリットのある内容になっている。

図4　交渉の段階と言語使用のポイント

② 視点2　パフォーマンス課題のルーブリックを作成する

①交渉成立を目指すのに必要な言語機能とは

　交渉を目的とした言語使用の場面で必要な言語機能は，吉島・大橋（訳・編）（2004）『外国語の学習，教授，評価のためのヨーロッパ共通参照枠』（朝日出版社）の能力記述文のうち，以下の記述と関連があると考えられます。

❶「やり取り」の中の「非公式の議論（友人との）」より（p.81）

B1	・どこに行くか，何をしたいか，イベント（例：外出など）をどのように準備するかなどの，実際的な問題や信念，意見，賛成，反対を丁寧に表現できる。 ・何をしたいか，どこに行きたいか，だれ，またはどちらを選べばよいか，などを議論し，代案を比較し，対照できる。
B2	・身近な状況で論じられている非公式の議論に積極的に参加し，コメントすること，視点をはっきり示すこと，代わりの提案を評価すること，仮説を立てたり，それに対応することができる。

❷「やり取り」の中の「目的達成のための協同作業（例：車の修理，文書の検討，イベントを準備する）」より（p.83）

B1　・自分の意見や反応を，次にすべきことや問題解決策との関連で，簡単に理由を挙げて説明して，理解させることができる。
　　・問題の在処を説明し，次に何をすべきか検討し，代案を比較検討できる。
B2　・他人に仲間に入るよう誘ったり，意見を述べるよう促したりすることによって，作業を前に進めることに貢献できる。

❸自己評価表の「やり取り」より（p.29）

C1　・自分の考えや意見を精確に表現でき，自分の発言を上手に他の話し手の発言にあわせることができる。

　交渉を目的とした言語活動中には，『学習指導要領』の「言語の働き」のうち，「話題を変える」「共感する」「要約する」「理由を述べる」「説得する」といった，高校レベルのものが必要になります。本書の実践では，「やり取り」の力がついたかどうかは，「やり取り」を含むスピーキング課題をさせないとわからない，パフォーマンステストは必須という立場をとりますが，中学生に交渉を目的とした言語活動に取り組ませる時には，それらの言語機能を使わなくても合格となるように評価するべきでしょうし，該当の表現を使う帯活動に一定期間取り組ませるなど，少なくとも一時的に高いレベルの言語使用が可能な状態をつくり出す工夫が必要です。
　さて，これらの能力記述文から，交渉の取引段階までで必要な言語使用についての評価のポイントが，図5のように整理できます。図中の実線囲みの部分は，準備可能な発話について，点線囲みの部分は，即興的な発話についての評価のポイントです。

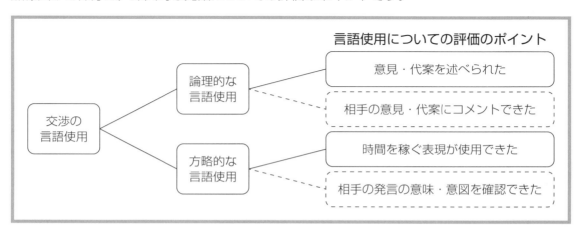

図5　交渉成立に必要な言語使用のポイント

②ルーブリックの提示

　生徒にとって，達成度が直感的に理解できるフィードバックになるよう，生徒のスピーキングパフォーマンスは，ルーブリックを用いて評価するとよいでしょう。ルーブリックとは，パフォーマンス課題を評価するために，評価の観点（評価規準）と尺度（評価基準）を格子状に組み合わせて表として示し，生徒の達成度をわかりやすく可視化するものです。

　交渉を行うパフォーマンス課題の評価は，交渉とは何かという議論を踏まえ，論理性・即興性・社会性，の3つの側面から行えます。すべて，生徒がどのように思考・判断して表現しているかという観点での評価につながりますが，3つの側面のそれぞれで，「やり取り」を維持するために最低限必要なレベルから，「やり取り」を主導するのに必要なレベルまでの3段階の尺度で示すものが表2のルーブリックです。

　論理性とは，生徒の発言の内容が論理的であるかを評価するものです。最初から複数の論拠を示す必要はないのですが，相手の生徒から「やり取り」の途中で得た指摘に対し，別の観点から自分の意見をサポートする発言がその場でできることも高評価につながります。即興性は，反応の質を評価するものです。相手の生徒の発言に対し，即興で行われた反応がどのような目的でなされているかによって判断します。社会性は，立場の違いへの配慮を評価するものです。話し相手が交渉を通じてもつ，否定的な感情への配慮の度合いを評価するものがその代表です。

　これはひな型ですので，対象の活動によって，評価規準を取捨選択する必要があります。例えば，活動の場面や参加する生徒の習熟度によっては，論理性や社会性は求めなくてもよいでしょう。また，評価Aの記述文は高校レベルでも通用する質の言語使用ですので，表2の評価Bの記述文を中学校では評価Aとして扱ってもよいでしょう。

表2　交渉を行うパフォーマンス課題を評価するためのルーブリック

	論理性	即興性	社会性
A	相手の意見と自分の意見を関連付け，複数の事実や理由を述べている。	効果的に時間を稼ぎ，双方の利益に配慮した妥協案を考え，提案している。	相手の意見に反論する際，相手の論拠に理解を示すなど，心情に配慮している。
B	意見と，それを支えるのに妥当な，複数の事実や理由を述べている。	相手の意見に，質問やコメントを述べ，関心を表明している。	相手の発言の意図を確認するなど，立場の違いを確認している。
C	意見と，それを支えるのに妥当な事実や理由を述べている。	相手の意見に，学んだ表現を用いて反応している。	相手の意見に賛成・反対を述べている。

③個別の振り返り学習による「メタ認知力」の向上

　「やり取り」に限らず，スピーキング活動においては，生徒間でペアワークをすることによって，流暢さを伸ばすことを目的とした活動を十分に授業中に確保することが大切です。生徒を指名してみんなの前で発表させ，そのパフォーマンスに対してコメントすることは，発表した生徒以外の生徒にとっても，ポイントを意識してその後も活動に取り組むために有益なフィードバックとなりますが，そのように全生徒の発話を，活動中に個別にモニタすることは，現実的にあきらめなくてはなりません。流暢さを伸ばす練習も，発表させてフィードバックすることも，どちらも大切なこととはいえ，両立不可能な，トレードオフの関係にあるのです。

　どのペアもある程度自分たちで支え合って「やり取り」ができるようになっていれば，代表生徒の発表を聞く時間は極力減らし，生徒がお互いにペアワークの中で，表現や発想を学び合うことを期待し，練習時間をできるだけ増やせばよい，という発想で授業が計画できます。本書の元となった私の実践では，3年間持ち上がった生徒を対象にした授業でしたから，お互いに了解したうえで，ペアワークの時間を最大限確保することが可能でした（本書 p.117参照）。

　生徒が自分たちの活動の成否を，指導の意図に照らし合わせて把握できているかどうかを教師が把握する必要があります。その判断に基づき，ペアワークをそのまま続けさせればよいのか，直接フィードバックに時間を充てる必要があるのかを決定しなければなりません。一般的に，第2言語で話す学習者は，意味が伝われば満足するものであることは，10ページで述べました。学習効果を高めるメタ認知能力の育成のためのツールとして，Chapter 2では，交渉の段階性を意識させるタイプのワークシートと，交渉を円滑に運営するために必要な表現の活用を意識させるタイプのワークシートをそれぞれ準備しました。

③ 視点3　3年間の指導を考える

　交渉を目的とした「やり取り」を可能にする英語力をつけるには，特に以下に留意して取り組ませる必要があると述べてきました。

> ・言葉にするのに時間がかかる時には，何か言葉を発して時間を稼ぐことができる。
> ・相手と反対の意見を言う時は，相手の気持ちに配慮した表現を用いる。
> ・簡潔に自分の主張をまとめ，具体的な事実でサポートするなど，論理的に話している。

　そのために，以下の目標を達成するための活動を，単元計画に「帯活動」として組み込んで練習させ，系統的にスキルアップする必要があると思われます。検定教科書には，スピーキングの技能を伸ばすようにデザインされた活動を含むレッスンがあるはずです。そこを中心に取り上げ，単元計画を作っていけば，自然に導入できるはずです。

表3　3年間の「やり取り」を可能にする，3年間のスキルアップのスケジュール

学年	目標	Chapter 2の活動との関連
1年	即興で使うことのできる英語表現を増やす。	③，④
	相手の発言に即興で反応する。	①
2年	セットフレーズを使用して会話を継続させる。	（検定教科書に関連活動あり）
	相手の発言に即興でコメントする。	⑤
3年	相手の発言の意味や意図を確認する。	②，⑥，⑦
	交渉に必要な知識を適切に利用し，時間を稼ぎ，代案を述べる。	③，⑧

　交渉を目的とした「やり取り」も，一見複雑ですが，このように小さな，複数の活動に落とし込めます。1回は短い時間であっても，「帯活動」として数多くの練習機会をもつことで，これらのスキルを身につけ，交渉を目的としたタスクでの自己表現に，一歩一歩近づいていくのです。その関係は図6のようなものです。一度に多くの活動を押し込んで長い時間練習させると，生徒の意識は様々なことに拡散してしまい，スキルを身につけることが難しくなります。注意しましょう。

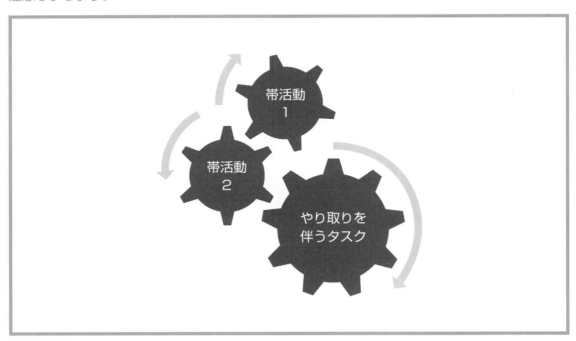

図6　帯活動でのスキル獲得とタスクの成功

Chapter ① 即興的に英語を話す力を育てる英語授業

表4　本書で紹介するロールプレイタスク一覧

	トピック	人間関係	上下関係
タスク1	友人の提案を断ろう	同級生間	―
タスク2	キャンプ行事にはテントと小屋のどちらがふさわしいか	委員会	―
タスク3	修学旅行中の観光は，グループ単位か，クラス単位か	同級生間	―
タスク4	子どもの将来に関して親子間で意見交換しよう	親子	＋
タスク5	デートの行き先についての合意形成をしよう	同級生間	―

　なお，本書では紹介していない，調音化のための「音作り」の取り組みや，発言権を得るために，会話の展開のスピードに間に合うように引き出して使える知識を蓄えるため，フレーズ単位で英語を処理するための地道な取り組みも必要です。ただこれらは図7で示したように，英語の授業全体の中で，例えば教科書を使った活動を通じ，時間をかけてやっていくべきことであるということは，言うまでもありません。

　また，使いながら知識の定着を図ることが，現行の学習指導要領の発表以来強調されてきましたが，高等学校の新学習指導要領の「英語コミュニケーションI」の内容に追加された文法事項のうち，前置詞や接続詞の用法については，詳細な説明に重要であることが意識されてのことと思われますが，中学校で学ぶことでもあるので，本書の活動でも積極的に取り入れています。

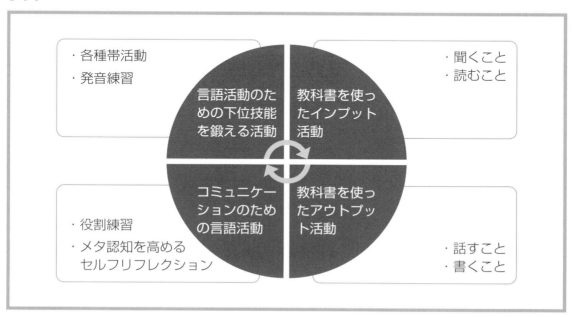

図7　本書で紹介する活動と，英語授業で行う他の活動との関係

■主な参考文献

松本茂・河野哲也.（2015）.『大学生のための「読む・書く・プレゼン・ディベート」の方法（改訂版）』. 玉川大学出版部.

松浦正浩.（2010）.『ちくま新書 実践！交渉学―いかに合意形成を図るか』. 筑摩書房.

文部科学省.（2018）.『中学校学習指導要領解説 外国語編』. 開隆堂出版.

文部科学省.（2018）.『高等学校学習指導要領解説 外国語編・英語編』.

太田勝造・野村美明編.（2005）.『交渉ケースブック』. 商事法務.

大森健巳.（2017）.『なぜあの人が話すと納得してしまうのか？―価値を生み出す「バリュークリエイト交渉術」』. きずな出版.

千菊基司.（2018）.「タスクの繰り返しを中心としたスピーキング指導と高校生の英語発話の質の向上」.『日本教科教育学会誌，第40巻第4号，pp.25-37』.

千菊基司.（印刷中）.「交渉を行う言語活動を用いたスピーキング指導と高校生の英語発話の質の向上」.『日本教科教育学会誌，第42巻第1号』.（掲載予定）

投野由紀夫.（2015）.『発信力をつける新しい英語語彙指導』. 三省堂.

吉島茂・大橋理枝他（訳・編）.（2004）.『外国語教育Ⅱ 外国語の学習，教授，評価のためのヨーロッパ共通参照枠』. 朝日出版社.

Koester, A. (2014). "We'd be prepared to do something, like if you say …" hypothetical reported speech in business negotiations. *English for Specific Purposes, 36*, 35-46.

Kormos, J. (2006). *Speech production and second language acquisition*. New York: Routledge.

Levelt, W. J. M. (1989). *Speaking: From intention to articulation*. Massachusetts: The MIT Press.

Nation, P. (1989). Improving speaking fluency. *System, 17*, 377-384.

Skehan, P. (1998). *A cognitive approach to language learning*. Oxford University Press.

Young, S. F. & Wilson, R. J. (2000). *Assessment & learning: The ICE approach*. Portage & Main Press. Winnipeg: Canada.

Ur, P. (1981). *Discussions that work: Task-centered fluency practice*. Cambridge University Press.

Chapter 2 即興的にやり取りする力を育てる指導技術&スピーキング活動

Chapter 2 は,以下の異なる4つの部分から構成されます。

「1 即興的に話す力をつける指導技術」
Chapter 1 で紹介した指導法,the 4/3/2 technique のエッセンスを取り入れる際の留意点と,ペアワーク運営の留意点をまとめました。

「2 帯活動でスキルが身につく即興的なスピーキング活動アイデア」
やり取りを行うタスクに取り組ませる前にやっておきたい活動を,次の4タイプ(8個)を紹介します。

Type 1 「やり取り」に必要なスキルを高める活動 ①・②
Type 2 詳しく説明する力を高め,話題に必要な語彙を活性化する活動 ③・④
Type 3 論理的に話す力を高める活動 ⑤〜⑦
Type 4 「やり取り」を継続する表現を身につける活動 ⑧

ここで注意していただきたいのは,論理的に話す力を高める活動をするといっても,中学生にあまり論理的な理解を求めすぎない方がよいことです。Type 3で求めるような論理性を,抽象的に理解させ,様々な場面でも応用可能な力に高めるのは,高校生にも難しいと感じる時があります。「やり取り」で最も大切なのは,相手が待ってくれている間に何か発言できるようになることです。この発話のスピード感と発言の中身の論理性は必ずしも同時に達成できません。ですから,⑤や⑥はスキップし,⑦で紹介する『価値観を表す表現リスト』(p.78)の語句に習熟させ,発話の型として,「この形容詞を1つは使って理由を述べよう」というくらいにとどめておくのもよいでしょう。

「3 TASKで使えるスピーキング活動アイデア」
合意形成を目的とした話し合いを体験させることができる,5つの役割練習課題を紹介します。

「4 生徒が学びを実感できるまとめ・振り返り活動アイデア」
英語学習へ向かう生徒の意識をさらに高めるための一助となるよう,活動への取り組みを振り返って,自分の思考や行動を客観的に把握し,認識する「メタ認知力」を高めるためのワークシートを紹介します。

1　即興的に話す力をつける指導技術

1　The 4/3/2 technique を応用する3つのポイント

　私たちが頭の中で考えたことを言葉にするまでに，多くの情報を，瞬時に処理することが求められることは，Chapter 1で例をあげて説明しました。英語でその作業を行うことに慣れていない中高生が，話そうと思ったことを話す前に忘れてしまったり，途中で面倒になってあきらめてしまったりという結果に終わることは，よくあることでしょう。流暢に話すことは，実は何度も話したことのある内容を，少し順番を変える程度の過程を経て再び話すような時に，初めて可能になるのではないでしょうか。そもそも英語の授業で，そこまで言語材料に習熟するほど練習をさせているでしょうか。The 4/3/2 technique のエッセンスを取り入れた，発話の質が高まる活動に中高生を参加させましょう。

☆スピーキング活動の効果を高めるためのポイント
・同じ活動を，相手を変えて3回繰り返させる。
　　→同じ活動を繰り返すことで流暢さが増す。
　　→違う相手と話すことで，同じ活動でも十分に新鮮なものになる。
・1回ごとの活動時間は，対象生徒の発話の力を考慮し，現実的に。
　　→4分にこだわらない。また，準備の時間は活動の時間より長くならないように。
・繰り返す時には，時間を少し短めに設定する。
　　→時間内に終了させるために，内容の精選が起きることが期待できる。

　同じ活動を何回繰り返すべきか，ということに，一定の法則はありません。ただ毎回違う相手と繰り返すことで，対話の展開がまったく変わることもあるわけですから，3回程度であれば，同じ活動であっても退屈することはないはずです。また，回数を経るごとに流暢に話せるようになると実感がもてるはずなので，自信をもって話せるようになることが期待できます。
　準備に与える時間も，制限時間の半分くらいを上限に考えればよいでしょう。辞書を自由に使わせて，できるだけ生産的に準備させましょう。その際，文単位でメモを作らないよう，作るとすればフレーズレベルまでで作るよう，意識づけしていきましょう。

2 ペアワークを成功させる4つのコツ

　スキルを身につけるためには，実際に英語を使って話すしかありません。しかし，生徒にただペアワークで話させるだけでは，発話の質の向上は期待できません。単語の羅列であっても，意味が通ったと生徒が感じてしまえば，それ以上の向上はなかなか望めません。真似をしたくなる手ごろな見本との出会いと，目標とするスキルについてのフィードバックが，生徒には必要です。このためには，日常的なペアワークへの参加，クラス全体での優れたパフォーマンスの共有，パフォーマンステストでの個別フィードバックが必要です。

　普通の教室では，授業が始まる時点での習熟度だけでなく，成長するスピードも，個人差があります。ペアを固定すると，様々な不都合が生じるのが普通だと考えた方がよさそうです。ですから，1回の活動に費やす時間は短めに，相手を変えて話すように活動を運営しましょう。

☆ペアワーク・グループワークを効果的に運営するための4つのコツ

1　"Specific time limit" ― 時間指定は明確に
　→短めに時間を設定し，さらに時間が必要な様子なら延ばせばよい（逆は不可）。

2　"Short task with a short time limit" ― シンプルで短い所要時間の活動デザインを
　→活動に慣れるまでは1回の活動が3分でも十分長い。
　→ペアを替えて複数回取り組ませれば，うまくいくことも見込める。

3　"Assessment as a motivational tool" ― 評価を動機づけに
　→練習後は，代表ペアに必ず発表させましょう。練習時の本気の度合いが高くなるはず。
　→机間巡視の途中，代表ペアの見当をつけておきましょう。できなかったペアに発表させても恥ずかしい思いをするだけ。もちろん，同じ生徒ばかりにならないように配慮を。
　→ワークシートもきちんと取り組ませたいなら，提出させることを予告する。

4　"Feedback on the process" ―活動過程へのフィードバックで次につなげる。
　→代表ペアが発表でうまくできなかった時は，「ではそこでどうすればよかったかな」と本人に質問。答えられなければ「じゃあ，あなたなら」と別の生徒に質問。机間巡視の間も，貴重な情報収集のチャンス。

　発表者へのフィードバックは，発音・文法の正確さへの言及や「拍手！」だけにならないように気を付けたいものです。スキル面でよかった所を探し，コメントしましょう。助言するなら，自信のない部分を発表者に言わせ，それをどうすればよくなるか，授業者が他の生徒に聞き，クラスで解決策を提案させると，お互いから学び合う集団になっていくでしょう。

③ 成功するペアのつくり方ルールと指示に使える英語表現リスト

　いろんな生徒とペアで話させるためには，ペアの作り方のルールを決めておくと，指示が通りやすくなります。もちろん，細かい追加説明は，教室の列数にあわせて設定してください。
　以下の指示は，"Please stand up, everyone. Now you're going to talk in pairs." と言って，生徒を立たせた状態で行うことを前提にしています。また，すべてを言葉で説明するのは難しいので，ジェスチャーを効果的に使いましょう。

パターン１　縦ペア・横ペア

　（横ペアを作らせる指示）"Please talk to the student (sitting) next to you."
　（縦ペアを作らせる指示）※机の間に立ち，黒板と並行に腕を広げて横１列を示す
　"Now, students in this row, please turn around and make pairs with the students (standing) in front of you."
※３列目，５列目の生徒にも同様の指示を出す。

パターン２　ローテーション

　教室の机の縦の並びが偶数の場合に便利。２列セットで考え，黒板から見て左の列を固定し，右の列の生徒だけ動かして，新しいペアを作る。
　"Now the students on the right side, you are going to move by "two-person rotation" (and make pairs with new partners)."
※１人しか動かさないと，前の活動で話していた内容が聞こえていたかもしれないので，２人くらい動かすのがちょうどよいと考えています。時に "three-person rotation" などと動かす人数を変え，さらにいろんな生徒とペアワークさせるとよいでしょう。

パターン３　引っ越し

　一番端の縦列の生徒を，反対の端に移動させ，後はスライド
　"Now the students in this line（右端か左端の縦列の生徒を指差す）, please go to the other side of this room. Thank you. And the rest of you, please slide by one line to this direction.（移動して空いた列を埋めるように移動させる）"

ペアワークの指示に便利な英語表現リスト
1　授業運営を円滑にする指示
1-1　該当する生徒に呼びかけ，手を上げさせて理解を確認してから，指示を出す。
　　　The students on the left side, (pause) please take Card A.
1-2　どちらが話し始めるか，自分たちで決めさせる。
　　　Please decide which of you will be the first speakers.
1-3　決めたことを確認する。
　　　The (first) speakers?　→手を上げさせて，準備 OK かどうか，要確認。
1-4　聞き手の役割を確認する。
　　　The listeners?　OK.　When your partners stop their speech, please make comments or ask questions about it.　You can help your partners.
　　　（役割練習の場合）
　　　Parents? (pause) OK. You begin the conversation by asking a question.　How about their children? (pause) OK.　You answer the question and keep the conversation going.
1-5　同じことを繰り返す言語活動なら，次のように述べて，説明を省略する。
　　　OK, the second round.　Please begin.　This will be the last chance for you to do this task.　Please begin.
1-6　時間設定や，「評価」の方法を伝える。
　　　You have three minutes for the first round.
　　　After you practice this three times, two of you will perform in front of the class.
2　言語活動をより効果的に行うための指示
2-1　アイコンタクトを大切だと言いたい時には，次のように。
　　　Please do not talk to your worksheet.　All right?
2-2　指定された語句を積極的に使うよう促したい時には次のように。
　　　You should use at least one of these words to comment on your partner's speech.
2-3　制限時間が短くなったことを意識させる。
　　　This time, you will have shorter time for the activity.　OK?　You must speak faster.　Or you must make your first speech shorter by using different words.　Please try!

2　帯活動でスキルが身につく即興的なスピーキング活動アイデア

「やり取り」に必要なスキルを高める活動

 相手の言葉に言葉で反応しよう

対象　1・2年

| 活動の
ねらい | 相手の発言に反応し，協力して，やり取りを継続発展させることができる |

※カードをバラバラで配布した方が，最初の数回だけでも，「ネタバレ」していない状況で練習できる。配布にかかる手間を省くには，1ページ分のカードを一度に配布し，カードの番号を指定して活動させるとよい

■時　　間　10〜15分　※ペアワーク1回あたり制限時間は1分以内
■準 備 物　タイマー，カード（ペアの数だけ）
■主な言語材料　（1年生）現在形，過去形，助動詞（can）／（2年生）動名詞，未来の表現

指導の手順

❶ペアの組み方を指示する。各ペアの1人（生徒A）にカードを配布する。カードを持っていない生徒（生徒B）は，同ペアの相手（生徒A）のカードを見ることができない。（2分）

　T：OK, the students on this side（各ペアのどちらかの生徒だとわかるように）, you will have a card. Please do not show it to your partner.

❷ルールを説明する。カードには，生徒Aが言うべき最初の3つのセリフが指定されている。それぞれのセリフに対し，生徒Bは何らかのリアクションを返し（「指導のポイント」参照），やり取りを継続する。その後，制限時間内は，設定下での自由な対話を楽しむ。（2分）

　T：OK, the students with a card will start the conversation, and his or her partner will show reaction like this.（次ページ「板書例」を参照させる）

　※ルールを示した後，カード1枚を例に，教師（生徒A）対クラス全体，で一度実演してみると，生徒Bがどうすべきか感覚がつかめるはず。

❸ローテーションして相手を変えたり，役割を交代させたり，❷❸で合計4回は必要。（6分）

　T：The (first) speakers?（手を上げさせて，準備OKかどうか，要確認）You begin the conversation. The listeners? OK. When your partner stops their speech, please make comments or ask questions about it. You can help your partner in this way.

❹代表ペアに実演させる。実演後，全体へのフィードバックのため，コメントしたり，代表ペアの疑問や困難をクラスで共有したりして，解決の方向を探る。（5分）

Chapter ② 即興的にやり取りする力を育てる指導技術&スピーキング活動

> 指導のポイント

- リアクションの仕方を教え，発話時の形式化段階での時間稼ぎを可能にすることが目的なので，始める前に「板書例」の表現を丁寧に確認し，口慣らしは十分に行う。
- 自由に対話を楽しむのが難しい段階では，決められたリアクションだけをする練習に。
- カードのセリフに下線が引いてある場合，生徒自身のことに変えて話させるのもよい。
- 1つの役割で相手を変えて2回，役割を変えてさらに2回，の合計4回は必要。最後に少なくとも1ペアを指定して全体の前で実演させる。
- 帯活動として，3〜4回分の授業の冒頭で行う。慣れると，フリー会話の時間が楽しめる。

■板書例

How to show reaction in pair-work:
・Reaction by echoing：1つ目のセリフへのリアクションは「繰り返し」で
（1年生）気になった情報について語句を繰り返す。 例）Oh, Tokyo.
（2年生）付加疑問文のように繰り返す。 例）Oh, did you?
（3年生）文を繰り返す。主語は必要に応じて変える。 例）Oh, you went to Tokyo.
・Reaction with a set phrase：2つ目のセリフへのリアクションは「決まり文句」で
（1〜3年生）相づちのための短いセットフレーズを利用する。（教科書を参照ください）
　　驚きを示す Really? / Wow!　　理解を示す Oh, I see.
・Reaction with a comment：3つ目のセリフへのリアクションは「コメント」で
（1〜3年生）形容詞などを利用してコメントする。
　　意見に対して　　I agree with you. / I don't think so.
　　予定に対して　　Have fun! / Good luck!
　　出来事に対して　Great! / Interesting! / That's too bad. / Unbelievable! / Take care!

> スピーキングテスト実施要領〔所要　約1時間，1人あたりの制限時間50秒〕

　帯活動で2週間程度，様々なカードを導入して取り組んだ後，習熟の度合いを確認するため，個別にテストを実施する。1時間で全員分終えるため，テスト前後の声掛けは極力行わない。

■授業準備段階

❶テストの順番を待っている時間に生徒が取り組むべき課題を用意する。
　廊下などでスピーキングテストを実施できるような部屋を確保する。廊下には，テストを受けている生徒と，順番を待っている生徒の2名がいる。待っている生徒が聞いていても大丈

夫なように，問題は2種類（カードA／BかカードC／D）準備する。

■活動の直前

❷JTE は最初に評価用紙を生徒に配布し，生徒は記名して受験時に持参する。

❸ALT が試験官で，受験する生徒が途切れないよう，JTE は室内で「交通整理」を行う。

❹生徒は自分の順番が来たら ALT に評価用紙を手渡し，試験開始。

■試験開始後

❺ALT は，計時開始し，自分の役割のセリフを言う。生徒は各セリフにリアクションする。
ALT は終了後，ルーブリックの該当部分に○をつけ，評価を行う。

共通の展開：（開始前）　T：Hello.（返答）S：Hello. What's new?
　　　　　　（テスト後）T：Oh, I have to stop this now. Nice talking to you.

❻受験が終了した生徒は，自分で席に戻り，未終了の課題の続きに取り組む。

ルーブリック		
	論理性	即興性
A	相手の発言に対し，文脈にあわせて，かつ正確に反応できている。	自然なタイミングで反応し，「やり取り」を行えている。
B	相手の発言に対し，反応できている。	言いよどむ時もあるが，協力して「やり取り」を行えている。

評価問題カード

■1年生テスト用　Card A

T：I want a new bag.
S：(Oh, a new bag.)
T：I bought this bag ten years ago.
S：(Really?)
T：But I have 20 bags at home.
S：(Unbelievable!)

■1年生テスト用　Card B

T：My uncle lives in Canada.
B：(Oh, Canada.)
A：I visited him last year.
B：(Really?)
A：But I became sick then.
B：(That's too bad.)

■2年生テスト用　Card C

A：I studied math last night.
B：(Oh, did you?)
A：I studied it for three hours.
B：(Great!)
A：I will study English tonight.
B：(Have fun! / Good!)

■2年生テスト用　Card D

A：I didn't watch TV last night.
B：(Oh, didn't you?)
A：I had to do a lot of homework.
B：(That's too bad.)
A：But today, I can watch it.
B：(Have fun!)

Chapter ② 即興的にやり取りする力を育てる指導技術&スピーキング活動

> カード

■セット1 （1年生用）

Card 1

A : My mother can speak English.
B :
A : She often uses English at home.
B :
A : She helps me with my homework.
B :   1-1

Card 2

A : I don't like *karaoke*.
B :
A : I don't like pop music.
B :
A : It's noisy.
B :   1-2

Card 3

A : I'm hungry.
B :
A : I didn't have breakfast this morning.
B :
A : Actually, I don't usually eat breakfast.
B :   1-3

Card 4

A : I have a dog at home.
B :
A : I have two cats, too.
B :
A : But they are sick now.
B :   1-4

■セット2　（1年生用）

Card 1

A : I'm from <u>Kyoto</u>.

B :

A : I lived there for 10 years.

B :

A : I came to <u>Fukuyama</u> two years ago.

B :   2-1

Card 2

A : I usually visit a shrine on New Year's Day.

B :

A : But I didn't this year.

B :

A : I was sick in bed.

B :   2-2

Card 3

A : I often go to a zoo.

B :

A : I like big zoo animals.

B :

A : I like <u>lions</u>.

B :   2-3

Card 4

A : <u>My cousin</u> is a <u>baseball</u> player.

B :

A : <u>His team</u> joined a tournament yesterday.

B :

A : <u>They</u> won it!

B :   2-4

Chapter ② 即興的にやり取りする力を育てる指導技術&スピーキング活動

■セット3 （2年生用）

Card 1

A : I like playing video games.
B :
A : I played a game yesterday.
B :
A : I played it for 8 hours.
B :   3-1

Card 2

A : My cousin is a high school student.
B :
A : He lives in Tokyo.
B :
A : I'll visit him this spring.
B :   3-2

Card 3

A : I like English.
B :
A : I study it every day.
B :
A : I want to visit England some day.
B :   3-3

Card 4

A : I am going to visit my uncle this summer.
B :
A : He lives in Canada.
B :
A : It's going to be my first flight.
B :   3-4

031

■セット4 （2年生用）

Card 1

A : I'm very tired.

B :

A : I played badminton very hard yesterday.

B :

A : I will have a game next week.

B :   4-1

Card 2

A : I studied a lot during the winter vacation.

B :

A : I studied even on New Year's Day.

B :

A : I'm sure my test result will be good.

B :   4-2

Card 3

A : I like reading books.

B :

A : I read one book every day.

B :

A : I spent a lot buying new books.

B :   4-3

Card 4

A : I played volleyball after school yesterday.

B :

A : It was fun.

B :

A : But I am very tired today.

B :   4-4

「やり取り」に必要なスキルを高める活動

"Conversation Strategies"で「やり取り」の質を高めよう

対象 3年

活動のねらい　「やり取り」の質を高めるための具体策を知り，会話に活かす
※ただオウム返しを続けたり，定型表現を言うだけでは，不自然と思われることもある。質問をできるようになる必要もあるが，まずは定型ドリルに取り組み，自由に使える表現を増やせるよう，練習しよう

- ■時　　　間　10〜15分　※ペアワーク1回あたり制限時間は1分〜1分30秒程度
- ■準　備　物　タイマー，カード（Side AとSide Bを両面印刷し，各生徒に配布する）
- ■主な言語材料　関係代名詞，間接疑問文

指導の手順

❶ペアの組み方を指示する（p.24）。各ペアの1人がSide Aを，もう1人がSide Bを見るよう指示する。4枚のカードのどれを利用するのか，教師が指示する。（2分）

T：The students on this side（ペアのどちらかの列を指示），please use Side A. The students on this side, please use Side B. Everyone, please do not read the other side. Now, you are going to use Card 1 in the first round.

❷ルールを説明する。生徒Aは会話の主導権を持っていて，各カードにある，2人がそれぞれ言うべき最初の3つのセリフを使い，対話を続ける。指定されたセリフを言い終えた後は，制限時間まで，話題に関連させて対話を続ける。（2分）

T：The students with Side A will start the conversation, and his or her partner will show reaction like this.（次ページ「板書例」を参照させる）

※ルールを示した後，カード1枚を例に，教師（生徒A）対クラス全体，で一度実演してみると，生徒Bがどうすべきか感覚がつかめるはず。

❸ローテーションして相手を変えたり，役割を交代させたりする。❷❸で合計4回は必要。（6分）

T：The (first) speakers?（手を上げさせて，準備OKかどうか，要確認）You begin the conversation. The listeners? OK. When your partner stops their speech, please make comments or ask questions about it. You can help your partners in this way.

❹代表ペアに実演させる。実演後，全体へのフィードバックのため，コメントしたり，代表ペアの疑問や困難をクラスで共有したりして，解決の方向を探る。（5分）

> 指導のポイント

- リアクションの仕方を教え，概念化段階の困難を減らすことが活動の目的なので，活動を始める前に「板書例」の表現を丁寧に確認し，口慣らしは十分に行う。
- 各カードの波線を引いた表現は，ターゲットとなる機能をもった表現であることを意識させる。また，二重下線を引いた表現は，わざと聞こえにくく発音させることが必須だと伝える。
- 代表ペアに発表させるタイミングは，「指導の手順」では❹のタイミングになっている。帯活動として複数回取り組ませることが前提なので，一度モデルを見て完全に模倣できなくても，使いながらうまくなっていくというスタンスをとった。あまりうまくいかないペアが多いと感じたなら，❸のローテーションの前（❷の1回目の発表の後）に代表に発表させるのもよい。ただし，対象生徒が十分な練習をする前に実演することになるので，配慮が必要。
- 慣れるにつれ，カードを渡すが Read and Look up の要領でやらせたり，生徒Aのみカードを渡して生徒Bのリアクションはある程度自由にしたりする，という展開で実施し，自然の対話に近づけて，負荷をかける。慣れると，フリー会話の時間が楽しめる。
"This time, only the students with Side A can look at the worksheet. Don't worry. Enjoy the conversation. The listeners? If your partner stops the conversation, please ask questions about what you have heard. Have fun"
- 帯活動として，3～4回分の授業の冒頭で行う。
- 1セットあたり2回の授業での帯活動が必要。複数のセットを混ぜると難易度が上がる。

■板書例

以下の1～3のどれかを用いて（カードに指定されています），2人で協力して会話を発展させましょう。

1　聞き取れなかった部分を明らかにするための質問
　Sorry, you are going where? / Excuse me. You found what?
　※ Where are you going? だと，質問しているのと同じ表現になる。相手のセリフを繰り返して反応する【→「相手の発言に言葉で反応しよう」(p.26) 参照】のと同じ要領で，聞き取れなかった箇所のみ，疑問詞に置き換えて繰り返す。

2　詳細な説明を求めるための質問
　What do you mean by "(　　　)"? / What kind of fishing?

3　やり取りの途中で相手のネガティブな気持ちに配慮する表現の使用
　I know many women like them, but does she want more? /
　I wish I could, but …　※できたらいいけどできないことを丁寧に述べる時に用いる。

Chapter 2 即興的にやり取りする力を育てる指導技術&スピーキング活動

> スピーキングテストの実施要領〔所要 約1時間，1人あたりの制限時間50秒〕

帯活動で2週間程度，様々なカードを導入して取り組んだ後，習熟の度合いを確認するため，個別にテストを実施する。1時間で全員分終えるため，テスト前後の声掛けは極力行わない。

■授業準備段階
❶テストの順番を待っている時間に生徒が取り組むべき課題を用意する。廊下などでスピーキングテストを実施できるような部屋を確保する。廊下には，テストを受けている生徒と，順番を待っている生徒の2名がいる。問題は2種類（カードE／F）準備し，交互に使用する。

■活動の直前
❷JTEは最初に評価用紙を生徒に配布し，生徒は記名して受験時に持参する。
❸ALTが試験官で，受験する生徒が途切れないよう，JTEは室内で「交通整理」を行う。
❹生徒は自分の順番が来たらALTに評価用紙を手渡し，問題カードを受け取り，試験開始。

■試験開始後
❺ALTは，計時開始し，自分の役割のセリフを言う。生徒は各セリフにリアクションする。ALTは終了後，ルーブリックの該当部分に○をつけ，評価を行う。

共通の展開
（開始前）　　T：Hello.
（返答）　　　S：Hello. What's new?
（テスト後）　T：Oh, I have to stop this now. Nice talking to you.

❻受験が終了した生徒は，問題カードを返却し，自分で席に戻り，未終了の課題の続きに取り組む。

> ルーブリック

	即興性	社会性
A	自然なタイミングで反応し，「やり取り」を行えている。	相手の発言の意図を，丁寧に聞いて「やり取り」を進めている。
B	言いよどむ時もあるが，協力して「やり取り」を行えている。	相手の発言の意図を確認しながら「やり取り」を進めている。

評価問題カード

■テスト用　Card E

教師用

T : I like watching TV when I'm free.　　S :
T : Yes.　　　　　　　　　　　　　　　S :
T : (　　　　　).　　　　　　　　　　　S :
T :（後はフリーで）

Card E for the teachers

生徒用　※Tの部分は試験官の先生の発言の箇所です。

T :　　　S :〈相手の発言を繰り返して，驚いた様子を表現しましょう〉
T :　　　S :〈詳しい説明をしてもらえるよう，質問しましょう〉
T :　　　S :〈ここでも詳しい説明をしてもらえるよう，質問しましょう〉
（後はフリーで）

Card E for the students

■テスト用　Card F

教師用　　　　　　　　　　　　　　　※二重下線部は聞こえにくく発音する。

T : Last night I found a hundred kilograms of gold.　S :
T : I found a hundred kilograms of gold.　　　　　　S :
T : I just left it there.　　　　　　　　　　　　　　S :
T : Yes.
（後はフリーで）

Card F for the teachers

生徒用　※Tの部分は試験官の先生の発言の箇所です。

T :　　　S :〈聞こえにくかった所を確認しましょう〉
T :　　　S :〈質問をして話を発展させましょう〉
T :　　　S :〈相手の発言を繰り返して，驚いた様子を表現しましょう〉
（後はフリーで）

Card F for the students

Chapter ❷ 即興的にやり取りする力を育てる指導技術&スピーキング活動

> カード

■セット5　聞き取れなかった部分を明らかにするための質問：Side A

Card 1
A : I must <u>study</u> all night.　　※二重下線部は聞こえにくく発音しよう。
B :
A : I will have a test tomorrow, so I'll study for it.
B :
A : Well, I haven't even started yet.
B :
A : Yes, indeed.（後はフリーで）　　　　　　　　　　　　　　　　　5A-1

Card 2
A : I'm going to spend Christmas holidays in Africa.
B :
A : Yes, I'm visiting <u>Timbuktu</u> in Mali.　　※二重下線部は聞こえにくく発音しよう。
B :
A : Mali in Africa.
B :
A : One of my friends is now working there.（後はフリーで）　　　5A-2

Card 3
A : I'm visiting my grandmother in <u>Nepal</u>.　　※二重下線部は聞こえにくく発音しよう。
B :
A : In Nepal. She is <u>103</u> years old, and is in good shape.
B :
A : 103. She went to Nepal when she was young.
B :
A : I've heard that she wanted to climb Mt. Chomolungma.（後はフリーで）　5A-3

Card 4
A : Last night I found a hundred <u>kilograms of gold</u>.　　※二重下線部は聞こえにくく発音しよう。
B :
A : I found a hundred kilograms of gold.
B :
A : I just <u>left</u> it there.
B :
A : Yes.（後はフリーで）　　　　　　　　　　　　　　　　　　　　5A-4

■セット5　聞き取れなかった部分を明らかにするための質問：Side B

Card 1
A：
B：Excuse me, you must do what?
A：
B：Really? Why all night?
A：
B：Well, you really need good luck!
A：（後はフリーで）　　　　　　　　　　　　　　　　　　　　　5B-1

Card 2
A：
B：Did you say you are going to Africa?
A：
B：Sorry, you're visiting where?
A：
B：Why Mali?
A：（後はフリーで）　　　　　　　　　　　　　　　　　　　　　5B-2

Card 3
A：
B：Excuse me, she is where?
A：
B：Sorry, how old did you say she is?
A：
B：Why did she go there?
A：（後はフリーで）　　　　　　　　　　　　　　　　　　　　　5B-3

Card 4
A：
B：You found what?
A：
B：What did you do with it?
A：
B：Did you say you left it there?
A：（後はフリーで）　　　　　　　　　　　　　　　　　　　　　5B-4

Chapter ② 即興的にやり取りする力を育てる指導技術＆スピーキング活動

■セット6　詳細な説明を求めるための質問：Side A

Card 1

A：I had a great time during my trip to Hawaii.
B：
A：I played a lot of sports.
B：
A：Tennis, swimming, and (　　　　　). ※空欄は文脈に合わせて。
B：（後はフリーで）

6A-1

Card 2

A：My brother had a car accident.
B：
A：Well, he thought he would be late for work, and he was driving fast.
B：
A：About 20 kilometers over the speed limit.
B：（後はフリーで）

6A-2

Card 3

A：I just bought a new car.
B：
A：A Mazda.
B：
A：I like the color. Also, it runs great.（後はフリーで）

6A-3

Card 4

A：I really like fishing.
B：
A：Bass fishing.
B：
A：What's wrong with bass fishing?
B：（後はフリーで）

6A-4

■セット6　詳細な説明を求めるための質問：Side B

Card 1

A：

B：You had a good time. <u>Could you tell me</u> what you did there?

A：

B：<u>What kind of（　　　　　）?</u>　　※空欄は相手の発言に合わせて。

A：

B：Sounds like you had a lot of free time.（後はフリーで）

6B-1

Card 2

A：

B：Really? <u>What happened?</u>

A：

B：<u>What do you mean by "（　　　）"?</u>　　※空欄は相手の発言に合わせて。

A：

B：Wow! How dangerous!（後はフリーで）

6B-2

Card 3

A：

B：Great! <u>What kind?</u>

A：

B：<u>Can you tell me why you chose a Mazda?</u>

A：（後はフリーで）

6B-3

Card 4

A：

B：Oh, <u>what kind of fishing?</u>

A：

B：（　　　　　）?!　　※相手の発言を繰り返して驚きを表しましょう。

A：

B：You can't eat them.（後はフリーで）

6B-4

040

Chapter ② 即興的にやり取りする力を育てる指導技術&スピーキング活動

■セット7　やり取りの途中で相手の気持ちに配慮する表現の使用：Side A

Card 1
＊jewelry 宝石

A : Do you remember tomorrow is our mother's birthday?
B :
A : I was thinking about some jewelry. How do you feel about that?
B :
A : <u>Do you think</u> it's difficult for us to choose the right one?
B :（後はフリーで）

7A-1

Card 2
＊allowance お小遣い

A : Are you free tomorrow?
B :
A : Why don't we go to see the movies tomorrow?
B :
A : Really? <u>Do you have any idea of</u> what you'd like to do tomorrow?
B :（後はフリーで）

7A-2

Card 3

A : Do you have some free time before you go to juku
B :
A : I'm hungry.
B :
A : Shall we go to some fast food restaurant?
B :（後はフリーで）

7A-3

Card 4

A : Do you think it's better for our school to have another basketball club?
B :
A : I want to have a new one.
B :
A : I don't think I can enjoy the hard practice that they are doing.
B :（後はフリーで）

7A-4

■セット7　やり取りの途中で相手の気持に配慮する表現の使用：Side B

Card 1　　　　　　　　　　　　　　　　　　　　　　　　　　　　　＊jewelry 宝石

A :

B : Oh, yes. What gift shall we give her this year?

A :

B : Many women like them, but do you know what kind she'd like to have?

A :

B : Yes, she may already have many.（後はフリーで）　　　　　　　　7B-1

Card 2　　　　　　　　　　　　　　　　　　　　　　　　　　　＊allowance お小遣い

A :

B : Yes, but why?

A :

B : I want to do so, but I have no money this month. I've already spent all my allowance.

A :

B : How about going to the "batting center"? It's much cheaper.（後はフリーで）　　7B-2

Card 3　　　　　　　　　　　　　　　　　　　　　　　　　　＊空欄は自分の好みで。

A :

B : Yes, but why?

A :

B : Me, too.

A :

B : Sounds fun, but I don't have much money, so I'd rather like to _____.

　　（後はフリーで）　　　　　　　　　　　　　　　　　　　　　　　　7B-3

Card 4

A :

B : Why? We already have one.

A :

B : Really? Why won't you join the one we've already had?

A :

B : I understand how you feel, but there will be many other problems to have a new

　　basketball club.（後はフリーで）　　　　　　　　　　　　　　　　7B-4

詳しく説明する力を高め，話題に必要な語彙を活性化する活動

③ 時系列に注意して出来事を説明する表現に慣れよう

対象 1～3年

| 活動の
ねらい | 絵の描写を通じ，時を表す副詞句・副詞節と気持ちを表す表現を使う
※④の話題に関する語彙の習得や活性化のために重要 |

- ■時　　　間　10～15分程度　※ペアワーク1回あたり制限時間は1分程度
- ■準　備　物　タイマー，ワークシート，和英辞典（生徒）
- ■主な言語材料　（1年生）動詞の過去形，副詞句／（2年生）動名詞・不定詞，副詞節
  　　　　　　　（共通）天気の描写のための形容詞，気持ちの描写のための形容詞

指導の手順

❶ペアの組み方を指定する（p.24）。全員がワークシートを持ち，どの絵について描写するかは教師が決める。カードaについて描写する生徒を"Student A"，カードbを描写する生徒を"Student B"として説明する。（2分）

T：The students on this side（ペアのどちらかの列を指示），please use Card a of the worksheet. The students on this side, please use Card b of it. Today, you are going to use Card a-1 or b-1.

❷ルールを説明する。生徒A／Bがそれぞれ与えられたカードの絵を描写する。その時，絵を見てわかることと，絵ではわからないことを1つずつ述べる。カードの絵に〇がついている人物がいれば，その人物の立場で述べる。話し手が話す間，聞き手は何らかのリアクションを返してもよいが，言葉によるリアクションは必ずしもしなくてよい。話しが終わったら，聞き手は，その内容に関連してコメントや質問をする。活動前の準備時間は30秒～1分間で，辞書使用可。1回の活動の制限時間は1人あたり1分程度で。最初の話し手が主導権を持つターンが終了したら，ペア内で役割を交代して練習を始める。

準備 → 1回表 生徒A（話し手）・生徒B（聞き手）→ 1回裏（話し手・聞き手交代）（3分）

T：Student A will use Card a-1 and start the conversation. If Student A stops talking, Student B will ask questions and help Student A. Look at this（次ページ「板書例」を参照させる）and start preparation. You will have one minute and you can use your dictionary. （準備時間の後）OK, the first round starts. Enjoy talking in pairs!

❸ローテーションして相手を変えたり，役割を交代させたり，❷❸で合計4回は必要。（7分）

T：The (first) speakers?（手を上げさせて，準備OKかどうか，要確認）You begin the conversation. The listeners? OK. When your partner stops their speech, please make comments or ask questions about it. You can help

your partners in this way.
❹代表ペアに実演させる。実演後，全体へのフィードバックのため，コメントしたり，代表ペアの疑問や困難をクラスで共有したりして，解決の方向を探る。（5分）

> 指導のポイント

- ターゲットの文法項目が未習事項なら，1回目の活動前にドリル的にその項目を学習してから始めるとよい。ただし，使いながらその事項に慣れるという態度で活動に参加させることが大切。もちろん，これらの文法項目にとらわれなくても，描写はできるので，あえてそのままやらせるのもよい。こだわらせると登場人物の立場で自由に描写する雰囲気は失われる。
- 同じカードの描写で相手を変えて2〜3回行う。活動の最後に，少なくとも1ペアを指定して全体の前で実演させる。
- 自由に対話を楽しむ，というのが難しい場合，制限時間を短めに設定すればよい。
- 帯活動として各ワークシートにつき3回程度は実施する。回数を重ねるごとに，発話を増やすよう，励ます。最初は出来事の描写だけでも頑張らせ，2回目以降は，気持ちも（想像して）言うよう促すなど，ターゲットを絞って，段階的に難しくするのもよい。
- 最初はターゲットを絞って，カードをセット毎に使った方が生徒にとって取り組みやすいが，生徒が表現に慣れてくればカードをランダムで指定したり，絵の横の単語リストをなくしたり，準備時間をなくすなどして，現実の言語使用に近づけるとよい。

■板書例

```
絵の描写には，次の内容と構成を意識して発表しよう。

1  絵の描写（絵からわかること）
    時や場所を表す語句とともに，何をしたか，自分（たち）の行動を表そう。

2  気持ちの描写（絵からはわからないが，状況から想像できること）
    その行動の時や後でどう思ったか，形容詞を使って，気持ちを表そう。

3  なぜそのことを述べているのかについての説明（因果関係・対比対照）
    1と2で述べたことは，どんな関係なのか，接続詞などを使って表そう。
    ..., so .... / ...., but .... / At first, ...  But later, ...
```

Chapter ❷ 即興的にやり取りする力を育てる指導技術＆スピーキング活動

> スピーキングテスト実施要領〔所要 約1時間，1人あたりの制限時間40秒〕

帯活動で2週間程度，様々なカードを導入して取り組んだ後，習熟の度合いを確認するため，個別にテストを実施する。1時間で全員分終えるため，テスト前後の声掛けは極力行わない。

■授業準備段階
❶テストの順番を待っている時間に生徒が取り組むべき課題を用意する。
　廊下などでスピーキングテストを実施できるような部屋を確保する。廊下には，テストを受けている生徒と，順番を待っている生徒の2名がいる。待っている生徒が聞いていても大丈夫なように，問題は2種類（カードG／HかカードI／J）準備する。

■活動の直前
❷JTEは最初に評価用紙を生徒に配布し，生徒は記名して受験時に持参する。
❸ALTが試験官で，受験する生徒が途切れないよう，JTEは室内で「交通整理」を行う。
❹生徒は自分の順番が来たらALTに評価用紙を手渡し，試験開始。

■試験開始後
❺ALTは，計時開始し，自分の役割のセリフを言う。生徒は各セリフにリアクションする。
　ALTは終了後，ルーブリックの該当部分に〇をつけ，評価を行う。
　共通の展開：（開始前）　　T：Hello.
　　　　　　（返答）　　　 S：Hello. What's new?
　　　　　　（テスト後）　 T：Oh, I have to stop this now. Nice talking to you.
❻受験が終了した生徒は，自分で席に戻り，未終了の課題の続きに取り組む。

> ルーブリック

※「論理性」は2年生以上で

	即興性	論理性
A	自然なタイミングで質問したりやコメントを述べ，効果的に対話を発展させている。	時や因果関係を表す語句を用いて，相手の理解しやすい情報構成にできている。
B	言いよどむ時もあるが，質問やコメントで協力し，「やり取り」を行えている。	絵の描写や話題に関した内容の発話ができている。

> 評価問題カード

■1年生テスト用　Card G

問題：「昨日の出来事」を英語で言いなさい。

I, yesterday

■1年生テスト用　Card H

問題：「昨日の出来事」を英語で言いなさい。

I, yesterday, a monkey show

> 期待される発話例

Card G　I took a test yesterday. It was difficult.

Card H　I saw a monkey show at a zoo yesterday. It was a lot of fun.

■2年生テスト用　Card I　※○のついた人物の立場で、「昨日の出来事」を振り返りなさい。

Yesterday, my girlfriend and I went to a zoo. We _____. I _____, but _____.

■2年生テスト用　Card J　※○のついた人物の立場で、「昨日の出来事」を振り返りなさい。

Yesterday, my boyfriend and I went to a zoo. We _____. I _____, but _____.

> 期待される発話例

Card I　Yesterday, my girlfriend and I went to a zoo. We saw a monkey show. I enjoyed it a lot, but she didn't.

Card J　Yesterday, my boyfriend and I went to a zoo. We saw a monkey show there. He enjoyed it a lot, but I couldn't. I didn't think the monkey liked to perform in front of people.

Chapter 2 即興的にやり取りする力を育てる指導技術＆スピーキング活動

ワークシート1 （1年生用）

■ 期待される発話例　ワークシート１　（二重下線部はターゲットの表現なので意識させる。）

■ a-1
　We got to the campsite in the afternoon. It was fine. We set up the tent. We were very happy.

■ b-1
　We got to the campsite in the afternoon. It was rainy. We set up the tent. We used raincoats. We were very sad.

■ a-2
　Soon after that, we started cooking. We used firewood. We cooked curry and rice. We were happy that it was delicious.

■ b-2
　Soon after that, we started cooking. We used firewood for cooking. We wanted to start cooking, but the firewood was wet, and we had trouble. We felt very hungry.

■ a-3
　At night, we went out to catch insects. Some insects are active at night.
　After that, we sat around the campfire and enjoyed watching the sky. We were moved to see beautiful stars.

■ b-3
　At night, we played cards in the tent. It was fun. But some mosquitos flew around in the tent. We got a lot of mosquito bites. We were really frustrated.

■ a-4
　We had a plan of climbing a mountain near the campsite. After I got into the sleeping bag, I thought about it. But I soon fell asleep. I was very tired then.

■ b-4
　After I got into the sleeping bag, I couldn't sleep for a while. I was worried about the weather for tomorrow.

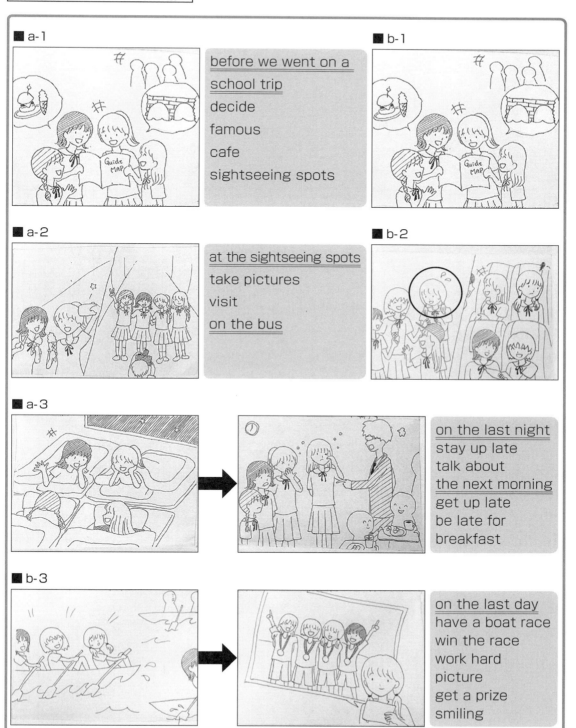

期待される発話例　ワークシート２ （二重下線部はターゲットの表現なので意識させる。）

■ 1

Before we went on a school trip, we decided where to visit. We talked about famous cafes or about famous sightseeing spots. We were excitied.

■ a-2

We were very happy about the visit to the big city. At the sightseeing spots, we took pictures of ourselves.

■ b-2

We went on the trip. The classmates around me looked really happy. They enjoyed talking on the bus. But I wasn't really excited about the trip.

■ a-3

On the last night of the trip, we stayed up late and talked a lot about our classmates or our school life. It was a lot of fun. We were so excited that we couldn't fall asleep soon enough. So the next morning, we were late for breakfast. Our teacher got angry with us.

■ b-3

On the last day of the trip, we had a boat race. We worked very hard during the race. And we won the race. This is the picture. We were really happy about the result of the race. So we were all smiling. I thought it was the best part of the school trip.

Chapter ② 即興的にやり取りする力を育てる指導技術&スピーキング活動

ワークシート3（3年生用）

■ a-1

lie on the sofa
however
want more money
fashionable cafe
new clothes

■ a-2

■ a-3

do part-time jobs
on weekends
restaurant clerk
event assistant
as a result, fall asleep
during my college
classes

■ a-4

■ b-1

a crowded train
to go to college
after classes
club activities
do part-time jobs

■ b-2

■ b-3

with family members
while eating dinner
However
go on a trip
new clothes
fashionable cafe
need a lot of money

■ b-4

051

期待される発話例　ワークシート3 （二重下線部や四角囲みはターゲットの表現なので意識させる。）

■ a-1

　I live in the apartment alone. I have a lot of free time. I can watch TV as long as I want. I lie on the sofa and eat snacks, but nobody gets angry about it. I am free!

■ a-2

　However, living alone costs so much. I can eat delicious sweets at a cafe or buy fashionable clothes. But I always want more money to enjoy my life in the big city.

■ a-3

　I am busy doing part-time jobs on weekends. I work as an event assistant in the afternoon and work as a restaurant clerk in the evening.

■ a-4

　As a result, I often feel tired and fall asleep during my college classes. I must study harder. I know that.

■ b-1

　I am a college student, but I live with my parents. So my mother cooks breakfast for me. I take a crowded train to go to college.

■ b-2

　I study hard. It is fun to learn new things. I am a member of a tennis team. After classes I enjoy club activities. I can even have a part-time job. I help an elementary school student with her homework.

■ b-3

　I can enjoy talking with my family members while eating dinner every day.

■ b-4

　However, I really want to visit big cities by bus and enjoy eating at a famous cafe or buy fashionable clothes. I need a lot of money to do such things.

詳しく説明する力を高め，話題に必要な語彙を活性化する活動

④ 出来事を順序よく話そう

対象 1〜3年

活動の ねらい　「自分の体験」を相手に説明することを通じて，使える英語を増やし，ディスコースマーカーを効果的に用いてわかりやすいメッセージにする

- ■時　　間　10〜15分間　※ペアワーク1回あたり制限時間は1分30秒程度
- ■準 備 物　タイマー，カード（2種類で1クラスの人数分になるように準備）
- ■主な言語材料　（1年生）過去形／（2年生）動名詞／（3年生）動名詞・不定詞

指導の手順

☆ 準備（1分）→ 1回目（3分） 生徒A→生徒B→ 2回目（3分） 生徒B→生徒A→ 実演

❶ペアの組み方を指示する。各ペア内の生徒それぞれ別のカードが渡るよう，カードを配布する。それぞれ相手のカードの内容を見てはいけない。準備時間は1分間。

　T：The students on this side（ペアのどちらかの列を指示），you are going to use Card 1 (and tell the story to your partner). The students on this side, you are going to use Card 2. Everyone, please do not show your card to your partner while speaking. Now, you have one minute for preparation.

❷ルールを説明する。カードには，4コマ漫画があり，話す内容（場面設定や展開）が構造化されている。生徒Aが話す間，生徒Bは何らかのリアクションを返してもよいが，言葉によるリアクションは必ずしもしなくてもよい。質問はせずに，辛抱強く聞き続ける聞き手の役割を演じる。話し手が描写を終えた後は，制限時間まで聞き手が質問やコメントをして対話を楽しんでよい。制限時間の後，生徒Bが話をし，生徒Aは聞き手となるよう指示し，活動させる。

　T：The students with Card 1（手を上げさせて確認），you are the speakers. And the other students（手を上げさせて確認），you are the listeners. When the speakers stop telling stories, the listeners, please start asking questions or giving comments.

　Now you have a minute and a half.（タイマーをセット）Please enjoy talking.

　T：The students with Card 2, now you are the speakers. Please begin.

❸同じカードを持たせたまま，ローテーションさせて相手を変え，2回目の練習を始める。

❹代表ペアに実演させる。実演後，全体へのフィードバックのため，コメントしたり，代表ペアの疑問や困難をクラスで共有したりして，解決の方向を探る。

※2回目の授業では，1回目の授業と同じペア内で逆のカードを持たせて練習させる。3・4回目の授業では，違う相手とペアになるようローテーションを組ませ，1・2回目と同様に

練習。

> 指導のポイント

- この活動は，時間制限がある中でまとまった量をアウトプットさせる練習。ストーリー説明の途中で，聞き手の生徒が質問するのはNGとする。というのも，同時処理（聞きながら，考えながら話す）にまだ生徒が慣れておらず，かえって混乱すると想像されるからである。
- ペアワークのローテーションを変える前（1回目ペアワークと2回目ペアワークの間）に1分程度時間を取り，言いたかったのに言えなかった表現を，辞書を使って調べる時間を取ってもよい。
- 他の生徒の発表を聞くことで，同じ内容を英語で説明するのに，様々な説明の仕方があると生徒は実感する。同級生の説明の上手いところは，積極的に自分の発話に取り入れるよう促そう。
- まとまった内容の発話を理解してもらうために，時を表す語句や，因果関係を表す語句を効果的に用いる必要があるので，うまくできている生徒に発表させた時に，それらの語句を板書するなどして，聞いている生徒に気づかせるよう工夫するとよい。
- 1回あたりの時間を長くしても，くたびれてしまうとできないもので，我慢する聞き手も大変である。それよりもペアを替えてペアワークの回数を経るうち，練習相手の使った表現を覚えて使えるようになるなどして，描写するコマの数が増えるものである。「習うより慣れろ」の精神で，少し我慢が必要だ。

■板書例

> それぞれのコマの描写には，次の内容と構成を意識して発表しよう。
>
> 1　絵の描写（絵からわかること）
> 　　時や場所を表す語句とともに，何をしたか，自分（たち）の行動を表そう。
>
> 2　気持ちの描写（絵からはわからないが，状況から想像できること）
> 　　その行動の時や後でどう思ったか，形容詞を使って，気持ちを表そう。
>
> 3　なぜそのことを述べているのかについての説明（因果関係・対比対照）
> 　　1と2で述べたことは，どんな関係なのか，接続詞などを使って表そう。
> 　　…, so …. / …., but …. / At first, … But later, …

Chapter 2　即興的にやり取りする力を育てる指導技術&スピーキング活動

スピーキングテスト実施要領〔所要　約1時間，1人あたり制限時間1分〕

27-28ページと同様の手順でスピーキングテストを実施する。
- 試験官が，Card K・Lを裏向きに受験に来た生徒に提示し，その生徒にどちらか選ばせる。
- 語句リストがないと発話を引き出すことが難しいと判断する場合は，練習時に使用した語句リスト付きカードを利用してテストを実施する。

ルーブリック

	論理性	即興性
A	展開がよくわかるように副詞句を使い出来事を描写し，その時の気持ち等，描かれていないことも言語化している。	知っている表現を用い，即興で，出来事を伝えようとしている。
B	3コマ以上の描写ができている。	言いよどむ時もあるが，なんとか出来事を伝えようとしている。

評価問題カード

Card K　Last summer, I went camping with my family members.

Card L　Last summer, I went camping with my family members.

カード

■セット8 （1年生または2年生用）

Card 1   It was a hot, sunny day.

walk to the station

The next bus would come in 5 minutes.

pay 200 yen

8-1

Card 2   It was a hot, sunny day.

want to go to the station

be late for

The bus would come in 15 minutes.

start to walk

8-2

期待される発話例　（It was a hot, sunny day. に続けて）

■8-1   I was walking to the station. I saw a bus stop on the way, and found that the next bus would come in 5 minutes. I felt like riding the bus then. But I also found I would have to pay 200 yen for it. I thought that I could buy a bottle of Coke with it, so I gave up the idea and started to walk to the station.

■8-2   I wanted to go to the station. But I was late for the bus! The bus would come every 15 minutes. I felt like riding the bus then. But I soon realized that it would take only 20 minutes to walk to the station. I could walk under the trees along the road, so I started to walk again.

Chapter ② 即興的にやり取りする力を育てる指導技術＆スピーキング活動

■セット9 （1年生または2年生用）

Card 1　Last summer, I went camping with my family members.

arrive at ～に着く
cooking
firewood
cooperate
insects
stars
thought of ...
excited

9-1

Card 2　Last summer, I went camping with my family members.

arrive at ～に着く
start cooking
firewood
wet
play cards
mosquito bites
couldn't sleep
noisy

9-2

期待される発話例　(Last summer, I went camping with my family members. に続けて)

■9-1　We arrived at the campsite. It was fine. <u>Soon after that</u>, we started cooking. We used firewood. We cooperated well and <u>enjoyed</u> cooking and eating together. <u>At night</u>, we went out and saw some insects on a tree. We were <u>moved</u> to see stars in the sky. I thought about a climbing activity for the next day. I was <u>excited</u> and couldn't sleep.

■9-2　We arrived at the campsite. It was rainy. <u>Soon after that</u>, we started cooking. We used firewood. It was wet, so we couldn't start the fire soon. We were very <u>sad</u>. <u>At night</u>, we played cards in the tent. But I got many mosquito bites. It was raining and noisy, so I couldn't sleep well. I was very <u>sad</u>.

■セット10 （2年生用）

Card 1　When I was an elementary high school student, we went on a school trip.

sightseeing spots to visit
eating sweets
famous sightseeing spots

our school life
late for the breakfast
angry

10-1

Card 2　When I was an elementary high school student, we went on a school trip.

eating sweets
riding the bus
not really happy

a boat race
work hard
get a prize

10-2

期待される発話例　(When I was an elementary high school student,... に続けて)

■10-1　We had to choose which sightseeing spots to visit. <u>Before the trip</u>, we talked a lot about our plan. So, I <u>enjoyed</u> eating sweets and visiting famous sightseeing spots. <u>On the last night</u>, we really <u>enjoyed</u> talking about our school life. We didn't feel sleepy late at that night. So <u>the next morning</u>, we were late for the breakfast time and our teacher got <u>very angry</u>.

■10-2　<u>Before the trip</u>, my classmates enjoyed talking about the trip. They were <u>excited</u> about the trip. But <u>while we were walking or on the bus</u>, I wasn't really <u>happy</u>. <u>On the last day</u>, we had a boat race. We worked very hard and won a prize. This is the picture. I still remember that I was <u>happy</u> then.

Chapter 2 　即興的にやり取りする力を育てる指導技術＆スピーキング活動

■セット11　（3年生用）

Card 1　Recently, one of my cousins became a freshman at college.

apartment
free
cost a lot
buy clothes
eat out
part-time jobs
fall asleep

11-1

Card 2　Recently, one of my cousins became a freshman at college.

live with
eat breakfast
take a train

part-time jobs
have dinner
go to big cities
buy clothes

11-2

期待される発話例　(Recently, one of my cousins became a freshman at college. に続けて)

■11-1　She is now living in an apartment alone, she has a lot of free time. However, living alone costs so much. She can eat delicious sweets at a cafe or buy fashionable clothes. She always needs more money to enjoy her life in the big city. So, she is busy doing part-time jobs on weekends. She often feels tired and fell asleep during her college classes.

■11-2　She lives with her parents. So she eats breakfast with them. She has to take a crowded train to go to college. In the daytime, she learns a lot in the classes, enjoys club activities after classes, and does part-time jobs in the evening. She enjoys eating dinner with her family. However, her life is not very exciting, so she is thinking of going to a big city by bus.

■セット12 （3年生用）

Card 1　Taking exams is very stressful.

go out
with my boyfriend (*or* girlfriend)
fun
zoo
a monkey show
funny
laughed
looked sad
didn't understand

12-1

Card 2　Last weekend, I went to the zoo with my boyfriend (*or* girlfriend).

go out
zoo
a monkey show
laughed
cute
the fear in the monkeys' eyes
imagined
the hard training
cruel 残酷な

12-2

期待される発話例

■12-1　Taking exams is very stressful. So after the exam week, I went to the zoo with my boyfriend (*or* girlfriend). We saw a "monkey show" together. I thought she would like it, too. It was funny! The monkeys were very clever and looked cute. I felt it was a perfect event for our date. However, my girlfriend looked nervous at the end of the show. I felt worried.

■12-2　Last weekend, I went to the zoo with my boyfriend (*or* girlfriend). My boyfriend took me to a monkey show. He looked so excited. When we saw a monkey on stage, we both laughed and thought they were so cute. But soon after that, however, I soon noticed the fear in the monkeys' eyes. I could imagine the hard training. Probably the trainer hit them many times until they became able to show the good performance. I then felt that the show was cruel.

論理的に話す力を高める活動

5 相手の言いたいことを短くまとめて確認しよう１
リスニング→スピーキング・ライティング

対象 2・3年

| 活動の
ねらい | 相手の発言の意図を確認する |

■時　　間　15分程度

■準 備 物　タイマー，メモ用紙

■主な言語材料　（2年生用）現在時制／（3年生用）過去時制，不定詞，間接疑問文

指導の手順

❶メモ用紙を配布する。メモ用紙を作成する場合の例は以下の通り。（1分）

```
解答用紙        年    組    番 名前                    評価 A・B・C
Problem:      _____
Reason:       _____
Advice/Solution: _____
```

❷JTE と ALT が音読する。音読したものを録音しておいて再生するのもよい。2回聞かせ，まず個別に取り組ませる。（3分）

T：OK, you are going to listen to a conversation, and summarize it by following the format. What is the problem? Why is it a problem? What is the solution to the problem?
Please write them down in English. Later, you are going to work in groups to select the best answer. Now please listen.

❸4人グループで答えを見せ合って，一番よいものはどれか選ばせる。（5分）

T：Now, move your desks and make groups of 4 students. Each group needs a leader. The leaders will tell your answers to us after the group discussion. Please choose the leader first, then select the best answer of your group.

❹グループの代表者（全代表者である必要はない）に発表させ，クラスで出たものをリストにし，一番よいものを検討してまとめる。（5分）

> 指導のポイント

- メモ用紙は，最初は書く項目がはっきりさせたものを用意した方が活動がスムーズに進む。
- リスニングによる理解を阻害しそうな未習語があれば，あらかじめ板書したり，リスニングの前に音読させたりするなどしておく。ALTの助けが得られない場合などは，リーディング教材として配布してもよい。
- グループワークの話し合いの前に，代表（発表者）や書記を決め，メモを評価対象として回収するなどし，責任感を持たせる工夫をする。
- 活発な意見交換を促すために，グループワークが始まる前に，「発表者が後で困ることのないように」，「答えを探すというより，よりよい表現を探すのがグループで出た意見を交換する目的である」と生徒に呼びかける。
- グループ活動の目標として，一番よいものを選ぶ方式を「指導の手順」に書いたが，よいものから一番よいものを話し合って作ることを目標としてもよい。その場合はグループの「代表」や「書記」に新しいメモを渡し，その用紙に書かせるとよい。
- 一番よいものを検討する際，各グループ代表に発表させる方式を「指導の手順」に書いたが，メモを提出させる方式でもよい。その場合は，教師がメモを読み上げることになる。
- Solution / Advice のまとめ方として，2年生以下では，命令文や助動詞を用いた英文で答えを述べ，3年生では，It is 形容詞 for 人 to do ... の構文で答えを述べる，のように指定すると，文法構造の定着を促す活動の側面も出すことができる。
- 帯活動として毎時の冒頭に1〜2個用いるとよい。
- 教科書や副教材の他の対話を用い，このまとめ方をさせることで，練習機会を増やすことができる。その際，1学年前の題材を用いると，言語材料によって生徒が困難を感じる可能性が減るため，スキルの伸長に役立つ。
- 答案の採点基準は，サンプルでは論理性のみの観点のルーブリックとしたが，表現の正確さにも気を配らせたい，というのであれば，正確さの観点も加えるとよいであろう。ただし，論理性に焦点を当てて評価することがあくまで主眼となるような評点のつけ方になるように心がけたい。

■板書例

```
聴き取りのポイント：
  1  Problem   What is the problem?
  2  Reason    Why is it a problem to (登場人物)?
  3  Solution  What should (登場人物) do to solve the problem?
```

Chapter 2 即興的にやり取りする力を育てる指導技術&スピーキング活動

テスト実施要領〔所要約5分〕

※以下の問題を，読解問題かリスニング問題として定期考査の一部に出題する。

※解答の書き出しの部分（主語）をあらかじめ解答欄につけておくと，得るべき情報が何か，生徒が答案にまとめやすくなる。

評価問題1

2年生　A：A Japanese student　B：An American exchange student

The students are talking during the lunch break at school.

A：You are so quiet today. Is something wrong with you?
B：I don't know. I think everything is fine. But I just don't want to do anything.
A：Do you have any trouble with your host family?
B：Oh, no. They are really kind to me.
A：Don't you miss anyone?
B：Well, yesterday was Mother's Day, so I called her to say "Happy Mother's Day."
A：You miss her very much. Maybe you are homesick. Just take it easy.

Problem:　The American boy is (suffering from) homesick.
Reason:　He misses his mother.
Solution:　He should take it easy.

評価問題2

3年生　A：An American traveler　B：A Japanese man

An American traveler is talking to a Japanese man in Kyoto.

A：Excuse me, how can I get to *Kinkakuji* temple?
B：Can you see a bus stop there? Catch bus No.59 there.
A：How should I know where to get off? I can't understand Japanese.
B：There may not be an English announcement, but you should get off the bus when you hear the word *Kinkakuji*.
A：OK. I hope I can.

Problem:　He is not sure how to know the right bus stop to get off.
Reason:　The traveler can't understand Japanese well.
Advice:　Just concentrate on the word Kinkakuji in the announcement.

ルーブリック

	論理性
A	状況を論理的に説明できている。
B	状況を説明するための情報を得られている。

対話原稿1　（2年生用）

■1 A

A: Father　B: Daughter (an exchange student from the US)

A and B are talking in the living room of their house.

A : How is your Japanese class?
B : I like it. But Japanese is difficult. So many *kanji*!
A : Yes.
B : But my classmates help me. They are very kind.
A : Good. You can help them with their English.　　　　　　　1 A

■1 B

A : A teacher　B : A student (a girl)

A teacher and a student are talking at a school.

A : Oh, you don't look well. Is something wrong with you?
B : I have a headache.
A : That's too bad. You should go the nurse.
B : Where is it?
A : I'll take you there.
B : It's kind of you.　　　　　　　　　　　　　　　　　　　　1 B

■1 C

A: A Japanese boy　B: An American girl, a classmate of A　C: A foreign girl

A is calling B.

A : Can you come over here right now?
B : What's the matter?
A : I need help. Please!
B : Take it easy. Please explain.
A : There is a foreign girl at the door. She is looking for somebody. She is saying something about Tom's son.
B : OK. Let me talk to her over the phone.　　*Let me … 私に〜させてください
C : Hello.
B : Hello. Who are you looking for?
C : I'm looking for the Thompsons.
B : Oh, I see. You are my guest! I'll be there very soon. Wait there.　　1 C

■1 D

A (a girl) and B (a boy) are classmates and talking in the classroom.
A : What's the matter? Are you sad?
B : Well, I practice tennis every day, but I'm still poor at it.
A : Don't worry. You can swim very well. You can play the piano well.
B : Well, I really want to be a good tennis player.
A : All right. It takes time. Don't worry too much, but practice hard!   1 D

対話原稿2 （3年生用）

■2 A

A : A Japanese woman   B : An American man
A and B are talking at a cafe.
A : An American friend of mine said to me, "Would you like some juice?" I said, "I'm sorry."
B : And you didn't get any.
A : How did you know?
B : I guess you meant, "Yes, please," but I think your friend thought, "No, thank you." You were speaking in English, but thinking in Japanese.   2 A

■2 B

A : A junior high school student (a boy)   B : Another junior high school student (a girl)
The students are talking on their way home.
A : How was your test?
B : Terrible! How about you?
A : Don't ask. It was the most difficult test I have ever had.
B : I thought so, too. Let's walk home together and talk about something else.   2 B

■2 C

A : A boy   B : Mother of the boy
A boy is taking care of his dog.
B : Oh, you are still there.
A : Yes. I want to be with him until morning.
B : All right. I will give you something hot to drink.
A : Thanks, Mother. He's been with us for 15 years. I feel he and I are like brothers.
B : I know. You can stay up late tonight.   2 C

■2D

A : An American student　B : A Japanese farmer

An American girl is planting rice shoots for the first time. A farmer is working with her.

A : Oh, my back hurts.

B : Oh, are you OK?

A : Walking in the mud with bare feet is nice, but keep bending over is tough.

B : I think you're doing a good job. All right. Let's take a rest.　　　2D

■2E

A : A Japanese high school student　B : An American exchange student

A and B are talking about a restaurant.

A : Have you ever been to the restaurant which opened recently?

B : No. Have you?

A : Yes. They have a great morning service. You should try it.

B : "Morning service" at a restaurant? I can't understand.

A : Oh, they serve a special breakfast.

B : Oh, we have "morning service" at a church on Sunday morning.　　　2E

■2F

A : A Japanese boy　B : A Canadian girl staying at A's house

They are talking in the living room.

A : Here are some Christmas cards for you.

B : Thank you.

A : Wow they are from all over the world!

B : Yes.

A : Well, look at the picture on this card. They are swimming in December! Very strange!

B : Oh, it's from New Zealand. It's summer now.　　　2F

Column1　相手の話を「まとめる」ことの大切さ

　4コマ漫画を使う活動は，複数の検定試験でも見られますし，関連語彙知識を活性化するために都合のよい練習法です。けれども，体験した出来事を，実際時系列で話すでしょうか？　聞き手としては，「こんなことがあったんよ」，「こんなことが原因でね」，「こうして解決したんよ」と言ってもらった方が，要点を理解しやすいですよね。ただ，話している時にそのようにまとめるのは難しいというのも事実でしょう。だからこそ，このようなまとめ方を練習することで，2人が協力しながら対話を発展させ易くなるはずなので，意識させたいですよね。

Chapter **2** 即興的にやり取りする力を育てる指導技術＆スピーキング活動

解答例（2年生用）

■1 A

Problem: The girl thinks Japanese is difficult.
Reason: She has to remember so many *kanji*.
Solution: Her classmates help her with Japanese.

■1 B

Problem: The student is not well.
Reason: She has a headache.
Solution: The teacher takes her to the nurse.

■1 C

Problem: The boy doesn't understand the foreign girl.
Reason: He isn't able to listen to some English sounds.
　　　　It's difficult for him to understand some of her words.
Solution: He calls the American girl for help.
（別解）
Problem: The boy needs help to understand the foreign girl.
Reason: She is looking for someone at the door of his house.
Solution: His American classmate will talk to her over the phone.

■1 D

Problem: The boy can't play tennis well.
Reason: He wants to be a good player and practice very hard.
Advice: He should be patient to be a good player.
（別解）
Problem: A boy looks sad.
Reason: He practices tennis very hard, but he is still poor at it.
Solution: The girl encourages him.
　　　　He shouldn't worry too much about it and keep practicing it hard.

解答例（3年生用）

■2 A

Problem: The woman didn't get something she wanted.
Reason: She was speaking in English, but thinking in Japanese.
Advice: She should think in English, too. / She should use proper English phrases.

(別解)

Problem: A Japanese woman didn't get some juice from her friend.

Reason: She said, "I'm sorry," and her friends thought she didn't want any.

Advice: "Yes, please," was the right phrase in this context. / She should have said, "Yes, please."

■2B

Problem: The students are not satisfied with their test scores.

Reason: The test was very difficult.

Solution: They are going to talk about different topics and forget about the test.

(別解)

Problem: A boy and a girl are sad.

Reason: Their test was too difficult for them.

Advice: They'll change the topic. / They will not talk about it anymore.

■2C

Problem: The boy is sad.

Reason: His dog is sick (and dying).

Solution: The boy is going to stay up to take care of the dog overnight.

■2D

Problem: An American girl suffers from back pain.

Reason: Keeping bending over caused pain in her back. / She has never done this before.

Solution: They are going to take a rest.

■2E

Problem: The American student can't understand what "morning service" means.

Reason: In English, "morning service" means something different.

Solution: The Japanese student tells it in a different way.
 The Japanese student tells his American friend what it is.

■2F

Problem: The boy doesn't understand why people in the picture are swimming in December.

Reason: It is winter in Japan. / No Japanese people swim outdoors in December.

Solution: He learned that the picture is from New Zealand and it is summer then. / The Canadian girl tells him that New Zealand is in summer now.

| 論理的に話す力を高める活動 |

 相手の言いたいことを短くまとめて確認しよう2
リーディング→ライティング

対象 2・3年

| 活動の
ねらい | 出来事の描写を通じて筆者が伝えたいことを一般論として簡潔にまとめる |

■時　　間　15分程度
■準 備 物　タイマー，ストーリーシート（生徒の人数分）
■主な言語材料　過去時制，助動詞（should），動名詞・不定詞，条件節，間接疑問文

指導の手順

❶ワークシートを配布する。Notes：（注）の英単語の発音練習を行う。（1分）

❷物語文を読んで，筆者の伝えたいことを1文で英作文して答えるよう指示する。（3分程度）

　T：What does the writer of this story want to tell to the readers? Please read the passage and answer it in English. Later, you'll talk about the answer in groups. You have ○ minutes. Now start reading.

❸4人グループで答えを見せ合って，一番よいものはどれか選ばせる。（3分）

　T：Now, move your desks and make groups of 4 students. Each group needs a leader. The leaders will tell your answers to us after the group discussion. Please choose the leader first, then select the best answer of your group.

❹グループの代表者（全員である必要はない）に発表させ，クラスで出たものを黒板に書いてリストにし，一番よいものを検討してまとめる。（5分）

指導のポイント

●自分の「意見」を支える「前提」を相手と共有しながら意思疎通することが，異文化交流では非常に大切である。簡潔に自分の主張をまとめることを意識させ，取り組ませる。

●答えの作成を通じて，命令文・動名詞・不定詞を用いる練習になる。どの文法形式で述べるべきかを指定するかも，教師からの支援の1つとなる。

●英語を話す活動ではなくなるが，ことわざ一覧を作成し，そこから筆者の伝えたいことと最も近いものを選ばせるのも，英語で話す時に役に立つ知識のインプットとなる。

ルーブリック

	論理性		
A	教訓を簡潔にまとめられている。	B	状況を説明するための情報を得られている。

※評価問題は設定しません。必要なら，教科書の寓話や物語を題材に作問してください。

ストーリーシート

■セット1（2年生用）

Sheet 1

*<u>Notes:</u> crow カラス, pitcher 水さし

There was a <u>crow</u>. He was very thirsty, so he was looking for water.

Then he found a <u>pitcher</u> under a tree. He flew to it and looked in. There was a little water in it, but he couldn't reach the water.

"I want to drink that water, but how can I drink it?" he thought. He looked around. He saw small stones. So he flew to them and took one small stone and dropped it into the pitcher. Then he carried another small one, and dropped it into the pitcher. He went to the stones and carried one stone every time.

At last, the water came to the top of the pitcher. And now he could drink the water.

<u>The message of the story:</u>

1-1

Sheet 2

*<u>Notes:</u> crane ツル, bill くちばし, jars つぼ, lick なめる, folly 愚かさ

One day a fox met a crane. The fox said to the crane, "Come to my house for dinner?"

And the crane sat at a table. She found only a very shallow dish before her. There was soup in the dish.

The fox began to eat the soup easily. The crane tried to eat it, but she could only wet the tip of her long <u>bill</u>, and she had to leave most of it.

Then the fox said to the crane, "I'm very sorry. You don't like the soup, do you?"

But the crane said to the fox, "Thank you for your nice soup," and she went home.

A few days later, the crane invited the fox to dinner. When they sat at the table, two tall <u>jars</u> were put before them. There was some meat in the jars.

The crane enjoyed the meat, but the fox couldn't. The mouth of the jar was very narrow. The fox could only <u>lick</u> the mouth of the jar.

The fox was much ashamed of his own <u>folly</u>, and hurried back to his house.

<u>The message of the story:</u>

1-2

Chapter 2　即興的にやり取りする力を育てる指導技術＆スピーキング活動

ストーリーシート

■セット2（3年生用）

Sheet 1

＊*Notes:* goose ガチョウ，clothes 服

There was a very poor man. He was often hungry. He didn't like his life.

One day, he found a goose in the forest and took it home. The next day, the poor man found a small egg under the goose. But he was surprised that it was a golden egg! He took the egg to the market and got a lot of money for it.

The goose changed the man's life. He got a golden egg every morning. He got enough money to buy food or clothes. Then he wanted more golden eggs to be richer.

"This goose should be full of golden eggs!" he thought, and killed the goose and cut it open with a knife. However, he found nothing special in it.

The man realized how foolish he was, but it was too late.

The message of the story:

2-1

Sheet 2

＊*Notes:* oak カシ，reed アシ（葦），bow（お辞儀をする），harm 害を与える

There was once a great oak tree near a river. It had its strong roots in the ground.

The oak tree said, "I am stronger than any other tree."

Some reeds grew in the river. The wind sometimes blew hard. Then the reeds bowed their heads low. But the oak tree did not.

"Poor reeds!" said the oak tree. "You always bow before the wind. But watch me. I never bow. I am stronger than the wind."

"Don't worry about us," said the reeds. "The winds do not harm us. We bow before the wind, and it goes away."

One day there was a storm. The reeds bowed their heads low. But the oak tree did not bow its head. It fought against the storm.

The wind was very strong. Suddenly, the oak tree fell. It fell into the river.

The message of the story:

2-2

Sheet 3

*Notes: mice ねずみ（複数形）, keep one from doing 〜に…させない, hang つりさげる

Once some mice were living in a house. They all met together and talked about the cat in the house. "We cannot stay here long if that cat is near us. She has eaten many of us. In a few days, she will eat us all. How can we keep her from killing us?" said one old mouse.

One young mouse said, "I have a good idea. We never hear her when she comes. What do you say to <u>hang</u>ing a bell around her neck? Then we can hear her when she is coming."

"That is a great idea. Let us tie a bell around her neck. Now we can run away before she catches us," said another.

Just then the old mouse stood up and said, "Your plan is very fine, but who can hang a bell around the cat's neck?"

All the young mice were silent, and only looked at one another.

The message of the story:

2-3

Sheet 4

*Notes: shout 叫ぶ, wolf オオカミ, make fun of 〜をからかう

There was once a boy taking care of his family's sheep every day. He always thought his job was boring. So one day, he wanted to have some fun. He shouted to the people in the town, "Wolf! Wolf! A wolf is trying to eat my sheep!" Many people ran fast to help him, but they found no wolf. The boy was laughing at them.

Another day, the boy felt bored, and again he shouted. Many people went to him again, but they found nothing.

Then one day, a wolf really attacked the boy's sheep. The boy shouted, "Wolf! Wolf! A wolf is trying to eat my sheep!" He shouted again and again. The people in the town heard him, but they thought, "The boy is just making fun of us." None of them went to help him. As a result, the wolf killed them all.

The message of the story:

2-4

Chapter ② 即興的にやり取りする力を育てる指導技術＆スピーキング活動

解答例

■1-1
Be creative when you face a problem.
Work hard to do something difficult.
Don't give up if you really want it.

■1-2
You shouldn't be mean to others.
It's important to be kind to others.
You are not the only clever person in the world.
Everyone has some strong points and some weak points, so we should get to know each other well if we work together.
If we do bad things to someone, they will do bad things to us.
We should think about someone in his or her place.

■2-1
Don't be too greedy.
If you want too much, you will be in trouble.
Too much desire makes people foolish.
It is no use crying over the spilt milk.

■2-2
No one can win every game.
You should change your policy or thinking when necessary.
We should not overestimate ourselves.

■2-3
Easier said than done.
You shouldn't make a suggestion if you can't do it.
You should be responsible for your suggestion. / Don't pass the buck to others.

■2-4
People only believe honest people.
If you often lie, people will not believe you even when you tell the truth.

論理的に話す力を高める活動

自分の価値観を相手に説明しよう

対象 2・3年

活動の ねらい	価値観を伝えるために，形容詞など，適切な表現を使いこなす

※相手の大切にしている価値観を言葉に表すことで，相手は理解を得られたと感じ，安心できる。交渉などで，異なる価値観を持つ相手と人間関係を築き，維持するのに役立つ。お互いが大切にしていることを確認しながら意見を交わすことを心がけよう

■時　　間　10分程度（習得型活動）または20分程度（活用型活動）
■準 備 物　タイマー，カード（ペアに1組），ワークシート各種（1人1枚）
■主な言語材料　さまざまな形容詞，条件節，関係詞節（目的格）

指導の手順

＊次の4段階で行う。最初の段階は短めの時間設定で。

❶【Stage A：習得】『価値観を表す表現リスト』の発音練習を行い，表現に慣れさせる。重要表現暗記カードを使って，ペアで単語テストを口頭で行わせる（日本語⇔英語の変換練習・1回1分）。相手を変えさせて2回は「テスト」を行う。

（音読2分→テスト1分×2〔各ペア，出題者と解答者で役割交代〕×2〔別ペアで〕）

T：Now you're going to work in pairs. One of you will pick up a card and show it to your partner. And check the answer on the back of the card. Keep working like this for a minute.

❷【Stage B：活用】『価値観を表す表現リスト』の発音練習の後，マッチングドリルを行い知識を活用させる。ワークシートの空欄に，語群より適語を選んで完成させる。答え合わせの後，暗唱目指して音読練習。（音読2分→各自解答3分→答え合わせ／発音3分）

❸【Stage C：習得】「やり取り」ドリル。Factカードはバラバラにして各ペアで1組持つ。Reaction表現リストカードは，各生徒が1枚持つ。リストの表現を音読させた後，ペアの1人が，裏向きに置いた"Fact"カードを1枚引いてセリフを読み上げ，もう1人が相手の意見を肯定するものを"Reaction"リストから選んで音読し，やり取りする。最初は，ワークシートに与えられたリストから，適したものを選んで読み上げるところから。

（音読2分→練習1分×2〔各ペア，出題者と解答者で役割交代〕×2〔別ペアで〕）

T：Now you're going to work in pairs. One of you will pick up a "Fact" card and read it aloud. Then the other student of the pair will choose a "Reaction" to it and read it aloud.
Keep working like this for a minute.　※カードやリストを見せながら説明する。

❹【Stage D：活用】「トピック」に対し，立場（賛成・反対）を決めて，生徒が意見を交わす活動。

Chapter ❷　即興的にやり取りする力を育てる指導技術&スピーキング活動

教師から与えられた「トピック」に対し，ペア内で生徒が意見を述べる時に，ヒントとして与えられた「解答ヒントカード」から，自分の意見を支える論拠を選んで含め，発言する。この時，ペア内で異なるヒントを論拠として選んで活動するよう注意する。
1回のやり取り（ペアの2人とも発言する）に1分30秒～2分が必要。
(トピック提示→準備 1分→ 1回目ペアワーク 2分→ 2回目ペアワーク 2分→ 発表 3分)

T：Now, you are going to talk in pairs. Today's topic is this.

> The list of topics for Stage D　※該当するトピックを読み上げる
> Q1：What would you like to do at night when we go camping with your classmates?
> Q2：Which is the best place for our school trip, Tokyo, Hokkaido, or Singapore?
> You don't have to worry about money, and you will have 4 days for the trip.
> Q3：If you want to read a book, do you want to borrow it from the library or to buy it at a bookstore?

T：Before you start your preparation,〈Q1～Q3それぞれ次のセリフで〉. And make sure that it is different from your partner's worksheet.
　Q1：Please choose one "reason".←解答ヒントより選択
　Q2：Please choose one of the three places.
　Q3：Please decide which will be better for you, to buy or to borrow.
T：OK, please work in pairs. Then please follow 'How to take turns（ワークシート）'. You have two minutes for the first round. Please enjoy the argument.
T：OK, please stop working. Now you are going to talk to another classmate.
　（ローテーションの指示）

指導のポイント
- Stage AとStage Bで用いる表現は多いので，負担が心配される場合は，少しずつ導入する。また，綴りは覚えられなくても，話す時に出てくればいいから，という姿勢で。
- Stage Dでは，価値観の異なる2人が意見を交換する設定での活動を行う。英語での議論に慣れていない中学生が，英語で発言権を確保するのは大変なことだと想像できる。最初は"How to take turns"（p.86）のシナリオを支援の1つとして与え，英語で意見を述べることに集中できる環境を与えてみる。
- 自然なやり取りの成立には，アイコンタクトや発音・イントネーションも大切である。そう

いう観点から見ると，ワークシートを読み上げるのは確かに問題がある。しかし，最初から，すべて要求されると生徒は大変である。まずは話者交代に慣れることを目標にして，練習を経るごとに，他のことにも気を付けさせていけばよい。

スピーキングテスト実施要領 〔所要　試験官2人態勢で約1時間，1人あたりの制限時間2分〕

〔対面式での実施要領〕

※27-28ページと同様の手順でスピーキングテストを実施する。

※所要時間は移動も含めて1人2分（試験官が2名動員できれば1時間で終了する）。

※ただし，以下の❺を追加する。

❺試験官が，受験に来た生徒に評価問題を提示し，1分間の準備時間（読む時間を含める）の後，1分間で解答させる。

 T：This is your card. You have one minute for preparation. Please read the question and start to think about your answer.

〔PC録音での実施要項〕

※待っている生徒が，自分の前にテストを受けている生徒の解答が聞こえない状況が作り出せないと，テストの公平性を保つのは難しい。その解決策として，モノローグの発話で解答させるのであれば，パソコンで録音できる教室があればよい。

■試験の直前

❶生徒にログインなどをすまさせ，テスト録音をさせ，機器の不調がないか確認する。

❷評価用紙を生徒に配布し，生徒に記名させて回収する。

■試験開始後

❸教師は，トピックを与え，計時を始める。生徒は自分の意見をマイクを使って録音する。

■試験後

❹音声ファイルを回収したら，残りの時間は授業を行う。

❺教師は後日，音声ファイルを聞き，評価を行う。

ルーブリック

	論理性
A	価値観を簡潔に述べ，さらに一文以上加えて説明できている。
B	価値観を簡潔に述べることができている。

Chapter ② 即興的にやり取りする力を育てる指導技術＆スピーキング活動

評価問題

Q : You will have to live on a remote island for 2 weeks with 3 American students. What will you take with you? Choose a knife, an English-Japanese dictionary, or a volleyball.　※ You don't have to worry about clothes, water, food or shelter.
A : I will take _____ with me.　☆左の英文に２文以上つけて解答。

解答例

A１a : I will take a knife with me. It is useful. We won't have to worry about our food or house, but we can make many kinds of tools in our free time if we have a knife.

A１b : I will choose a dictionary. It will be a good chance for me to learn English from them. I hope they will teach me some words, but I will be able to learn a lot (by myself), too, if I have a dictionary with me.

A１c : I will choose a volleyball. I think the life on the island will be exciting at first, but soon I will feel it's boring. With a volleyball, we can play together and become friends sooner.

日本語訳（一部）

Q１：　あなたは２週間，アメリカ人の高校生３人と一緒に，離島で過ごさなくてはなりません。何を持っていきたいですか。ナイフ・英和辞典・バレーボールから１つ選びなさい。※衣類・水・食料・住処の心配はする必要がありません。

A１a：ナイフを持って行きます。便利だからです。衣食住の心配は不要ですが，暇な時間に，ナイフで多くの道具を作ることができます。

A１b：辞書を持って行きます。彼らから私が英語を学ぶいい機会になるでしょう。彼らは私に教えてくれるとは思いますが，もし辞書を持っていけば，自力でたくさん学ぶことができるでしょう。

A１c：バレーボールを選びます。島での生活は最初はわくわくするようなものになると思いますが，すぐに退屈に感じるでしょう。バレーボールがあれば，みんなで一緒に遊ぶことができ，すぐに打ち解けられます。

Stages A〜D共通プリント

■ 『価値観を表す表現リスト』

自分のやっていること・やりたいことを正当化するための価値観を表す表現リストと例文

（1）カッコよい（cool）

famous 有名な　popular 人気がある　stand out in a crowd 目立つ
traditional 伝統的な

・I want to buy this because it is popular among young people.
・I want to buy this because no one wears this. I want to stand out in a crowd.

（2）都合がよい（convenient）

efficient 効率が良い　comfortable 快適である　useful / helpful 役に立つ
cheap 安い　reasonable（値段が）（モノの質に見合って）ちょうどよい
can save time / money with it/them〔それを使って〕時間・金を節約できる

・I want to save time with this useful tool. I am busy!
・I want to stay in a cabin, not in a tent. It will be more comfortable.

（3）自分の成長によい（challenging）

difficult 難しい　will help you in the future 将来役に立つ　creative 創造的な
various 多様な　help people in our community 地域社会の人を助ける

・Math is difficult for me, so I spend a lot of time on it. I hope it will help me in the future.

（4）誠実である（sincere）

honest 誠実な　keep one's promise 約束を守る

・You should take a train to go to school. I know your house is near a bus stop, but you may be late for school if you take a bus.

（5）友情が深まる（friendship）

promote cooperation among us 協力を促す　democratic 民主的な

・I think having a meeting is important. We should make a democratic organization.

（6）健康によい（good for health）

well-balanced diet 栄養のバランスがよい食事　stress-free ストレスがない

・I like staying in the countryside on weekends. It's stress-free.

Stage A　カード

■重要表現暗記カード

表面と裏面が表裏になるようコピー。切り離してカードにして使用する。

（表面）

伝統的な	カッコよい	目立つ
効率がよい	役に立つ	快適である
都合がよい	時間が節約できる	（値段が）ちょうどいい
自分の成長によい	創造的な	将来あなたの役に立つ
社会貢献する	民主的な	誠実な
協力を促す	ストレスがない	健康によい

（裏面）

traditional	cool	stand out in a crowd
efficient	useful / helpful	comfortable
convenient	save time (with it)	reasonable
challenging	creative	help you in the future
help people in one's community	democratic	honest
promote cooperation	stress-free	good for health

Stage B　Matching exercises（1）　ワークシート

Fill in the blanks with the words in the boxes.

1. People wear (　　　　) costumes for the festival.

2. I found this book was (　　　　　) when I was doing my history report.

3. How did you find such a (　　　　　) solution to the problem? You did a good job!

creative, traditional, useful

4. He is (　　　　) in his business with others.

5. You will feel (　　　　) if you stay in a bigger room.

6. (　　　　) of a lot of people is necessary to make a movie.

7. The owner of the company is very (　　　　). He treats all his workers fairly.

comfortable, cooperation, democratic, honest

8. Foreign language skills will (　　　　) you in the future.

9. We can (　　　　) a lot of time if we take the *Shinkansen*.

10. You will (　　　　) out in a crowd in the dress.

help, save, stand

解答・日本語訳

■Stage B　Matching exercises（1）　ワークシート

1. traditional: 人々は，お祭りに伝統的な衣装を着ます。
2. useful: 歴史のレポートをやっていた時に，この本が便利だとわかりました。
3. creative: その問題の，そんなに創造的な解法をどうやって見つけたのですか？　すごい！

4. honest: 彼は仕事において，他の人に対して誠実です。
5. comfortable: 大きな部屋に滞在すれば，心地よく感じますよ。
6. cooperation: 映画を作るには，多くの人の協力が必要です。
7. democratic: その会社の社長は，とても民主的な人です。従業員をみな公平に扱います。

8. help: 外国語のスキルは，将来のあなたに役立ちますよ。
9. save: 新幹線で行けば，時間がたっぷりと節約できます。
10. stand: そのドレスを着れば，あなたはとっても目立ちますよ。

Column2　論理的に意見を言う時にできれば意識させたいこと

　何か意見を述べる時に，理由を述べないといけないと指導しますが，何を言えば理由を言っていることになるのか説明するには，例えば「トゥールミンモデル」のような論理の「型」を教えることが，解決方法の1つです。本書の指導では，発言内容に論理性をもたせるために，自分の意見はどのような価値を前提としているかを理由として説明させることで「型」をつくり，話をかみ合わせやすくしています。

　例えば「広島から大阪に旅行に行くのにバスより新幹線で行きたい」という「意見」を言いたいとすると，客観的な事実として「高速バスで行くより○時間節約できる」という「事実」を持ち出し，「時間を節約し（てたくさんの観光地を回り）たい」という「理由」を述べるとよい，と説明します。私の英語の授業では，次のように説明して導入しています。

"When you want to express your opinion, you should support it with a fact. Then you should explain why you think the fact is important. To explain it, you should use one of the words on this list（78ページの『価値観を表す表現リスト』を示す）. And that is a "reason." So your statement should have three parts: Opinion, Fact, and Reason（と言って板書する）."

　具体例は次のようになります：

Opinion　：I want to go to Osaka by *Shinkansen*.
Fact　　　：I can save ○ hours if I go there by *Shinkansen*.
Reason　：I want to stay there longer to visit more places.

Stage B　Matching exercises（2）　ワークシート

Choose the "right" reaction to each of 1.~10.

1. I like this colorful dress. 〔　〕
2. My mother often wears a kimono. 〔　〕
3. *Shinkansen* ticket is expensive, but we can save time if we take it. 〔　〕

(A) She likes traditional clothes.
(B) That's true. We are busy!
(C) You will stand out in a crowd!

4. You should read this book before you start writing the history report. 〔　〕
5. I've found a solution that is different from others! 〔　〕
6. It may rain in the mountain. I think we should stay in a cabin. 〔　〕

(D) Good job! How creative you are!
(E) I agree. I want to sleep even if it rains at night.
(F) Really? Thank you for the advice. That will help me.

7. We can learn a lot by staying in a tent during the summer camp. 〔　〕
8. Let's walk to the station! It's sunny. 〔　〕
9. It is difficult to learn a new language. 〔　〕
10. I would like to come back to our town in the future. 〔　〕

(G) You can help the people in your community in the future.
(H) I'm sure it will help you in the future.
(I) I agree. That will promote cooperation among us.
(J) And it's good for our health.

Chapter 2 即興的にやり取りする力を育てる指導技術&スピーキング活動

解答・日本語訳

■Stage B　Matching exercises（2）　ワークシート

1.～10.のそれぞれに「正しい」返答を選びなさい。

1．私はこの色彩豊かなドレスが気に入っています。
2．私の母はよく着物を着ます。
3．新幹線の切符は高いけど，使ったら時間が節約できるのですよ。

（A）彼女は伝統的な衣装が好きなのですね。
（B）そうですよね。私たち，忙しいし。
（C）それを着たら群衆の中でも目立ちますよ。

解答：1-(C)，2-(A)，3-(B)

4．歴史のレポートを書き始める前に，この本を読むべきよ。
5．他の人と違う解決策を見つけました。
6．山じゃ雨かもしれないから，キャビンに宿泊すべきだと思います。

（D）よくやりましたね。なんて創造的なのでしょう，あなたは。
（E）賛成です。夜に雨になっても眠りたいですから。
（F）本当ですか。その助言はありがたいですね。役に立ちそうですね。

解答：4-(F)，5-(D)，6-(E)

7．キャンプでは，テントに泊まることで，多くを学べますよ。
8．駅まで歩いていきましょう。天気いいですよ。
9．新しい言語を学ぶのは困難です。
10．大学卒業後は，この町に戻ってきたいです。

（G）あなたは将来，地域社会の人たちを助けられますね。
（H）未来のあなたを助けてくれますよ，きっと。
（I）同感です。そうすれば協力しないといけないですからね。
（J）しかも健康によいですよね。

解答：7-(I)，8-(J)，9-(H)，10-(G)

Stage C　Interaction Drill　カード

縦半分に切って，Fact カードと Reaction 表現リストカードに分ける。
Fact カードはバラバラにして各ペアで1組持つ。
Reaction 表現リストカードは，各生徒が1枚持つ。

■Fact 1

| I like this colorful dress.　　　　　　　**Fact 1** |

| My mother often wears kimono.　　　　**Fact 1** |

| *Shinkansen* ticket is expensive, but we can save time if we take it.　　　　**Fact 1** |

■Fact 2

| You should read this book before you start writing the history report.　　**Fact 2** |

| I've found a solution that is different from others!　　　　　　　　　　　**Fact 2** |

| It may rain in the mountain. I think we should stay in a cabin.　　　　　**Fact 2** |

■Fact 3

| Let's walk to the station! It's sunny.　　**Fact 3** |

| It is difficult to learn a new language.　　**Fact 3** |

| We can learn a lot by staying in a tent during the summer camp.　　　　**Fact 3** |

| After I graduate from college, I want to come back to this city.　　　　　　**Fact 3** |

■Reaction 1

| You will stand out in a crowd! |

| She likes traditional clothes. |

| That's true. We are busy! |

■Reaction 2

| Really? Thank you for the advice. That will help me. |

| Good job! How creative you are! |

| I agree. I want to sleep even if it rains at night. |

■Reaction 3

| And it's good for our health. |

| I'm sure it will help you in the future. |

| I agree. That will promote cooperation among us. |

| You can help people in your community in the future. |

Chapter ② 即興的にやり取りする力を育てる指導技術＆スピーキング活動

Stage D "Argument" Drill 解答ヒントカード

■A 1：Answers to Question 1

a　We should do something we cannot usually do in the city.

b　We should do something all of us can do easily.

■A 2：Answers to Question 2

a　Many people like to …

b　I don't think many people will …

c　We can learn a lot from a different culture and can use English there.

■A 3：Answers to Question 3

a　Saving money is important.

b　I want to understand it better by …

| Stage D　How to take turns　ワークシート |

■How to take turns（役割交代の仕方）

生徒A： What's your opinion?

　　　　　　　　　　　　　　　生徒B：〈　　　　　　　　　〉　※意見を述べる。

生徒A：Oh, why do you think so?

　　　　　　　　　　　　　　　生徒B：〈　　　　　　　　　〉　※理由を述べる。

生徒A：〈　　　　　　　　　〉
　　　　※相手の述べた「理由」の要点を繰り返すか要約する。

　　　　　　　　　　| 主導権を交代する |

　　　　　　　　　　　　　　　生徒B： How about you?

生徒A：〈　　　　　　　　　〉
　　　　※生徒Bと異なる意見を述べる。

　　　　　　　　　　　　　　　生徒B： Oh, really? Why?

生徒A：〈　　　　　　　　　〉
　　　　※理由を述べる

　　　　　　　　　　　　　　　生徒B：〈　　　　　　　　　〉
　　　　　　　　　　　　　　　※相手の述べた「理由」の要点を繰り返すか要約する。

| 以下は，思いついた方が主導権を取ってよい |

相手の意見に反対する：
You said ＿＿＿（発言の要約）＿＿＿ ． ＿＿＿（相手の価値観にコメント）＿＿＿ ． That's true, but I think ＿＿＿＿＿＿＿＿＿＿＿＿＿ ． Don't you think so?

相手の意見に賛成する：
You said ＿＿＿＿＿＿＿＿＿＿＿＿＿ ． I've never thought that way.
I think ◎◎ is important, too.

Chapter ② 即興的にやり取りする力を育てる指導技術&スピーキング活動

■**質問・解答例**　（下線部の表現は，ヒントのカードにあった表現，質問の英文は，75ページ参照）

■Stage D

Q1　What would you like to do at night when we go camping …?
A1a　<u>We should do something we cannot usually do in the city.</u> I'd like to catch insects like beetles. They are active at night, and we cannot find them in the city.
A1b　<u>We should do something all of us can do easily.</u> I'd like to play cards with them. We have a lot of free time at night, so by playing cards, we will have a good time.
Q2　Which is the best place for our school trip, Tokyo, Hokkaido, or …?
A2a　Tokyo is the best. <u>Many people like to</u> visit Tokyo Disneyland.
A2b　Hokkaido is the best. <u>I don't think many people will</u> visit Hokkaido in the near future. It's far away from here. So, it's a good chance.
A2c　Singapore is the best. <u>We can learn a lot from a different culture and can use English there.</u> I want to visit a foreign country.
Q3　If you want to read a book, do you want to borrow it … or to buy …?
A3a　I want to borrow it from the library. It's free. <u>Saving money is important.</u>
A4b　I want to buy it at a bookstore. I always read the same book many times. <u>I want to understand it better by doing so.</u>

Q1　同級生とキャンプに行くときには，夜に何をしたいですか。
A1a　街では普通できないことをするべきだと思います。私はカブトムシのような昆虫を捕まえたいです。カブトムシは夜行性だし，街中には見つけられません。
A1b　だれもが簡単にできることをすべきだと思います。私はみんなとトランプがしたいです。夜には自由時間がたくさんあるので，トランプをすれば，楽しい時間が過ごせます。
Q2　修学旅行には，東京・北海道・シンガポールのどこに行くのが一番いいですか。
A2a　東京が一番です。多くの人は，東京ディズニーランドに行くのが好きです。
A2b　北海道が一番です。多くの人は，近い将来，北海道に行くとは思えません。ここから遠いです。だからいい機会だと思います。
A2c　シンガポールが一番です。私たちは異文化から多くを学べるし，そこで英語が使えます。外国に行ってみたいです。
Q3　本を読みたいとき，図書館から借りますか。本屋さんで買いますか。
A3a　私は図書館から借ります。無料ですから。お金を節約することは大切です。
A3b　本屋で買いたいです。私は普通，同じ本を何度も読みます。よりよく理解したいのです。

「やり取り」を継続する表現を身につける活動

交渉に便利な表現を身につけよう

対象 2・3年

活動の ねらい	交渉に特有の表現に慣れ，相手の発言にコメントしながらやり取りするために自分が考える間，時間を稼ぐために活用できる知識を得る

■時　　　間　15分程度

■準　備　物　タイマー，ワークシート

■主な言語材料　さまざまな形容詞，名詞節を目的語にとる複文

指導の手順

❶リストの表現を音読させる。

❷ワークシートを配布し，生徒が演習し，答え合わせをする。

❸完成した例文や対話例を音読し，口慣らしをする。

指導のポイント

●交渉を目的とした場面で典型的な定型表現を用いることで，自分の発言の意図を明確にしたり，発言までの時間を無理なく稼ぐことができる。交渉のタスクに取り組ませる前に，先に表現を導入しておけば，やり取りの場面で使える生徒が出てくるだろう。

●使いながら覚えさせる，という観点から言うと，リストの表現から１〜２個ずつ選んで，２回目や３回目のペアワークの前に紹介して使用を促すのも，生徒には負担感が小さくて効果的である。

●リストの表現には，関係代名詞や仮定法を用いた表現が含まれているので，対象を３年生以上とした。２年生以下で使用するなら，「使えたらいいですね」くらいの方針で。

Chapter ② 即興的にやり取りする力を育てる指導技術＆スピーキング活動

■交渉で便利な表現リスト（１）

1．相手の立場の理解を表明するための表現

1-1　理解している／していないことを相手に伝える

1-1-1　相手の発言の要約や言い換え　You said … / You're saying …〔相手の発言の要約〕．

1-1-2　相手の発言へのコメント　Good point. I didn't think about that.

1-1-3　詳細な説明の依頼　I didn't understand ～. Can you tell me more about it?

1-2　相手の利益の確認

1-2-1　相手の発言へのコメントに便利な価値判断を表す形容詞などのリスト

　（＋）　a solution, comfortable, economical（節約になる）, realistic（現実的な）, useful

　（－）　dangerous, expensive, a waste of …

1-2-2　相手の「利益」が何か，確認する　Are you worried about …?

2．自分の意見の表明のための表現　☆必ず相手の発言に言及した後で述べる！

　However, / Even so, …　I think there is misunderstanding.

3．代替案の表明のための表現

　I have a suggestion / an idea. Why don't we ～?

■交渉で便利な表現リスト（２）

1．相手の立場の理解の表明のための表現

　I understand your concern.　あなたが心配していることはわかります。

　I'm sorry if I wasn't clear. I wanted to say that …

　わかりにくかったのならすみません。私は… と言いたかったのです。

2．自分の意見の表明のための表現

　☆相手にわかってもらうには，自分の否定的な感情を口にするのも時には有効です。

　Please understand the trouble that I'm in.

3．代替案を引き出すための表現

3-1　考えを尋ねる　※相手の提案／助言／コメントを引き出す。

　How would you solve this problem in my position?　私の立場なら，あなたはどうする？

3-2　論点を変える試み　※膠着状態（水掛け論のような状態）から脱す

　Let's look at the situation from another point of view.　別の見方で見てみましょう。

3-3　時間を稼ぐ試み

　We'll need to think about it.

　I need to talk to my parents（boss（上司），colleagues（同僚）など）about that before I can answer.

> ワークシート

■Exercise 1　相手の発言へのコメントに便利な形容詞を使おう

それぞれ英文を完成させなさい。〔 comfortable, economical, realistic, waste 〕

（1）Do you think you can do it? You must set a (　　　　　) goal.
（2）We have only three days before that. We shouldn't (　　　　　) time.
（3）100,000 yen for a bicycle! It may be a good bicycle, but it is just a (　　　　　) of money!
（4）Small cars are more (　　　　　). We can save gasoline.
（5）That hotel room was (　　　　　).

> 解答

（1）realistic　（2）waste 動詞　（3）waste 名詞　（4）economical　（5）comfortable

■Exercise 2　提案する表現に慣れよう

高校生がパーティーの参加について会話しています。空欄〈1〉〜〈3〉に，選択肢 a.〜c. を補って対話を完成させなさい。

A : Can you come to the party tomorrow? It will start at 12:00. It'll be my birthday.
B : Oh! Happy birthday! I may be late for the start because I'll have to cook lunch for my mother. She's been sick in bed.
A : Oh, I'm sorry to hear that. 〈1　　　〉
B : No, my mother said I don't have to.
A : 〈2　　　〉Then you can come to my home earlier.
B : I'm glad to hear your offer, but you are busy preparing for the party, aren't you?
A : That's true. 〈3　　　〉
B : No, you shouldn't. I'll be busy, but I'll do my best to arrive as early as possible.

　a. Shall I change our party schedule? We can wait for you.
　b. Shall I help you prepare for the lunch?
　c. Then you'd better stay with her.

> 解答

〈1〉c.　〈2〉b.　〈3〉a.

Chapter 2 即興的にやり取りする力を育てる指導技術&スピーキング活動

■Exercise 3 相手の発言を要約し，意見へコメントし，さらに説明を引き出そう

外国語を学ぶ意義について，ある人（A）が専門家（B）に意見を聞いています。
リスト（1）の 1-1 の表現を用いて②④⑤に，1-2 の形容詞を用いて〈1〉〈3〉に答えなさい。

A : I've heard some people say native speakers of English don't have to study a foreign language because English has become a global language. I'd like to know your opinion on this.

B : Well, the globalization is going on, so knowing a foreign language has become very 〈1〉(　　　　　) in the workplace. In business situations, when you're talking with people from other countries, it's an advantage if they know your language but you don't know theirs.

A : Why?

B : If they start talking in their language, they can easily keep their real opinion a secret.

A : That's true.

B : Also, when you study a foreign language, you can learn about customs of people which are different from yours. You can build better relationships with them with this knowledge.

A : So, ②(＿＿＿＿＿＿＿＿＿＿＿＿＿) that knowing a foreign language can have a 〈3〉(　　　　　　　) advantage. ④(＿＿＿＿＿＿＿＿＿＿＿＿＿＿). But I'm not sure which foreign language would be most valuable to us.
⑤(＿＿＿＿＿＿＿＿＿＿＿＿＿＿＿＿＿＿＿).

解答

〈1〉useful　② you're saying　〈3〉practical
④ I didn't think about that　⑤ Can you tell me more about it?

■Exercise 4　提案する時の表現やコメントに使う形容詞に慣れよう

日本の高校生が，アメリカの姉妹校訪問に持参するお土産について話し合っています。
太い下線部が提案をするための表現です（慣れていきましょう）。
空欄部に次より選択しなさい。

> cute, pop, stationery（文房具），traditional（伝統的な）

A : OK. The teacher asked us to choose which gifts to take to our sister school in the US. What would you like to give them?

B : What about stationery? I've heard that Japanese stationery is popular among young American people because there are a lot of cool and useful items. Some have cute cartoon characters on them. Also, they aren't expensive. They are small, so we can easily bring them with us. We should choose something like that.

A : But don't you think something more ①〈　　　〉- like a kimono — is better? Well, we shouldn't choose a kimono. That is too expensive! But what about chopsticks or fans? Some have pictures of carp, cherry blossoms, or maple leaves on them. I think we should take something like that.

C : Well, I think that's good, too. But that kind of ①〈　　　〉things may be better for older people. I've heard that some American young people are crazy about Japanese ②〈　　　〉culture, especially manga. I also like B's idea of taking ③〈　　　〉, too. So how about adding some folders with popular manga characters on them and some ④〈　　　〉erasers?

A : Sounds good! Those are really good points.

■解答

① traditional　② pop　③ stationery　④ cute

Chapter 2 即興的にやり取りする力を育てる指導技術＆スピーキング活動

■Exercise 5　他の発言へ反応するための表現に慣れよう

高校生（B〜D）が先生（A）と，大学生の一人暮らしの是非について意見の交換をしています。（1）〜（3）に英語を補って，意味の通る英文を完成させなさい。また，（a）〜（d）には以下より適語を選択しなさい。

> an adult, cost a lot, surprised

*Note : robbery 強盗

A : Would you like to live alone when you become a college student? Any comments? Yes?

B : I would be worried about robbery. Without such systems, there are risks. Security systems for apartments are often too expensive for students.

A : Your point is that it can (a :　　　　) to live alone. Any other opinions?

C : (1)_____ it may cost a lot, but there are advantages as well. My older sister started living alone in an apartment this year. When she lived with us at home, she didn't do any housework. Last month when I visited her, I was (b :　　　　) to see her there. She can do everything by herself. I think this is an important first step to becoming (c :　　　　).

A : Thanks. (2)_____ that by living alone, young people can learn things that they may not learn while they are with their parents.

D : I think the biggest problem is money. I think doing part-time jobs is (3)_____.

B : But if we have too many jobs, we won't have enough time to study for college classes.

A : Yes, it's a difficult problem. Money. You will have a lot of time to think about it. Also, you can ask your parents about their opinions. That's all for today.

▎解答例

a : cost a lot　b : surprised　c : an adult
（1）I understand that / It is true that / I'm also worried about the safety, but
（2）You're saying
（3）a good way / a solution

3　TASK で使えるスピーキング活動アイデア

⑨ ロールプレイで合意形成のための話し合いを体験しよう

対象　1〜3年

活動のねらい　「合意形成」を目標とする役割練習を体験する

- ■時　　間　30分×2回
- ■準 備 物　タイマー，カード（生徒数分）

指導の手順

☆準備の必要なロールプレイの場合

■**授業準備段階**：タスクを行う授業の1時間前の授業（の最後の2〜12分）

❶各生徒にカードを渡し，ロールプレイを行うペアを指定し，ペア内で異なる立場となるよう，役割を決めさせ（または教師が指定す）る。次の授業までに英語で1分間以上話せるよう，準備して授業に参加するように伝える。（2分）

❷時間的に可能であれば，カードを読ませ（5分），さらに同じ立場の生徒同士で，話す内容について，日本語で情報交換させる。（5分）

■**1回目授業時（25〜30分）**

❸ペアワーク開始前に準備したカードを「復習」させる。（1分）

❹第1回ペアワーク。（3分）

❺第1回目のペアワークで，言いたくても言えなかった表現を辞書で調べさせる。（1分）

❻ローテーションを指示し（p.24），ペアワークのパートナーを変えさせ，第2回・第3回のペアワークを行う。（3分〔ペアワーク〕×2＋3分〔移動〕）

❼代表ペアに実演させる（または代表生徒と教師の実演）。実演後，全体へのフィードバックのため，コメントしたり，代表ペアの疑問や困難をクラスで共有し，解決の方向を探る。（5分）

❽取り組みの実際を，交渉の段階性や論理性を踏まえたリフレクションシート（p.113以降）を用いて振り返らせる。（5分）

❾【次回授業への指示】本時の活動で演じた役割と反対の立場で発言するよう準備を指示する。各生徒にカードを配布する。（1分）

■**2回目授業時（25〜30分）**

❶〜❾を，1回目授業時と異なる役割で，活動に取り組ませる。

| 指導のポイント |

■準備段階
- ペアワークの相手（自分と異なる立場の生徒）には，１回目の授業時には，自分のカード（相手のカードと内容が異なる）の内容を秘密にさせる。
- 授業中に，同じ立場の生徒間で，話す内容についてアイデアを交換させることで，家で準備する時にアイデアに困って話す内容を準備できないという生徒が出ることを防止できる。
- 複数の観点から，自分の意見が通った時のメリットを考えるよう促す。そうすることで，話が行き詰まった時に，論点を変えて切り抜けることを体験させられる。

■授業時
- やり取りに慣れないうちは，自分の意見を言うことばかりに気持ちが向かいがちだが，相手の関心事が何かを聞き出すことの大切さを強調しよう。同じ題材について，違う相手と話すことで，大切にしていることが人によって違うことに，生徒は自然に気づくだろう。
- 論理的であっても一般論を言うだけでは，理解してもらえても，共感してもらえるわけではないだろう。たとえ１回のことであっても，実体験を元にした事実を述べることで，相手が類似の経験をしていれば，共感し，妥協を引き出すことができることがあると生徒にわからせたいものだ。
- 即興での反応を期待するためには，話題に関連した表現が，フレーズ単位で出てくるような習熟が必要である。前節（2　帯活動でスキルが身につく即興的なスピーキング活動アイデア）で紹介した活動を組み合わせて単元を構成し，話題に特有の語彙への習熟を一時的にでも高めれば，やり取りの維持のための表現の使用に，生徒の意識を集中させることができ，ロールプレイ課題での生徒間の英語のやり取りの質が，かなり向上することが期待できる。

■板書例

〈準備段階の注意〉
○　自分の意見が通った時のメリットをできるだけ多くの観点から考えよう
交渉成立のカギ ＝ 相手が気づいていない観点に気付いてもらうこと
話し合いの目的 ≠ あなたのこだわりを相手に押し付けること

〈役割練習時の注意〉
１　相手の意見や論拠を聞き出そう
自分の意見を通すことばかりに気持ちが向かいがち。注意しよう。
２　やり取りの途中で相手への共感を伝えよう
相手の話をきちんと聞いていることをまず伝えよう。

評価のポイント

　Chapter 1 (p.16, 表2) で示したルーブリックにおいてB段階のパフォーマンス記述に用いたディスクリプタを，この段階では，生徒の実力錬成期であることを考慮し，A段階のパフォーマンスのディスクリプタとした。これまでのタスクと異なり，場面や役割が具体的に示されている役割練習課題におけるパフォーマンス評価であるので，社会性に関する観点を意識して評価してもらいたい。

ルーブリック

	論理性	即興性	社会性
A	意見と，それを支えるのに妥当な，複数の事実や理由を述べている。	相手の意見に，質問やコメントを述べ，関心を表明している。	相手の意見に反論する際，相手の論拠に理解を示すなど，心情に配慮している。
B	意見と，それを支えるのに妥当な事実や理由を述べている。	相手の意見に，学んだ表現を用いて反応している。	相手の発言の意図を確認しながら「やり取り」を進めている。

Chapter 2 即興的にやり取りする力を育てる指導技術&スピーキング活動

カード

■ロールプレイタスク1：友人の提案を断ろう

Card　生徒A

あなたの置かれている状況

　あなたと相手は中学2年生で，とても仲のよい同級生です。部活を終えた放課後，あなたは駅まで歩いて帰りたいので，相手につきあってくれるよう頼みます。相手も電車で通学していて，駅を利用しますが，駅までバスで帰りたい様子です。一緒に歩いて帰るよう，相手を説得しましょう。

設定

	バス	徒歩
所要時間	約5分	約20分
運転間隔	約20分	
運賃	200円	

注意点

　相手を説得するために，歩いて帰る方がよいと考えられるあらゆる理由を，できるだけたくさんの観点から，相手に伝えましょう。

自分の意見を論理的にまとめておこう

　歩いて帰る方がよい理由をできるだけたくさん箇条書きで書いておきましょう。

・good for health
・friendship
・challenging
・save money

最初のセリフ　※相手も自分と同様，帰宅しようとしていることは明らかです。

　Hi! Why don't we walk to the station?　It's sunny.

Useful expressions

097

Card　生徒B

あなたの置かれている状況
　あなたと相手は中学2年生で，とても仲のよい同級生です。部活を終えた放課後，あなたは駅までバスで帰りたいので，相手につきあってくれるよう頼みます。相手も電車で通学していて，駅を利用しますが，駅まで歩いて帰りたい様子です。一緒にバスを利用して帰るよう，相手を説得しましょう。

設定

	バス	徒歩
所要時間	約5分	約20分
運転間隔	約20分	
運賃	200円	

注意点
　相手を説得するために，バスを利用して帰る方がよいと考えられるあらゆる理由を，できるだけたくさんの観点から，相手に伝えましょう。

自分の意見を論理的にまとめておこう
　相手に反論するため，バスで帰る方がよい理由をできるだけたくさん箇条書きで書いておきましょう。
・save energy
・convenient
・save time

最初のセリフ　※相手も自分と同様，帰宅しようとしていることは明らかです。
　相手の生徒が，"Hi! Why don't we walk to the station? It's sunny." と切り出してくれます。

Useful expressions
　The buses come every twenty minutes　20分毎にバスが来る

Chapter 2 　即興的にやり取りする力を育てる指導技術＆スピーキング活動

会話の展開例　ロールプレイタスク 1

（9月の授業中に話しているとする。下線はカードにあった表現）

A：Hi! <u>Why don't we walk to the station?</u> It's sunny.
B：Oh, do you know how hot it is today? It's not good for our health.
A：I think it's hot, too, but I don't think we will be tired after we get to the station.
B：Really? But let's take a bus. The bus will come every 20 minutes. So, we will catch the next bus very soon.
A：How much should we pay for it?
B：200 yen.
A：Oh, we can buy a bottle of Coke, and will still get change.
B：But if we walk to the station, we will probably sweat a lot! Maybe more than a bottle!
A：But after we drink something cold, we will get refreshed.
B：I think it's wrong. We will get tired, so it won't work.
A：Actually, I want to talk to you about something very important. It will take about 20 minutes.
B：Well, sounds serious. I'd like to help you, so <u>why don't we use our homeroom?</u>
A：No, we have to leave school after we finish club activities.
B：That's right.
A：But I'd like to talk to you today.
B：Wow. You really need my help. I didn't know it. OK, I will call you after I get home. <u>How does it sound?</u>
A：Thank you. I will be waiting for you at the telephone after I finish dinner.
B：All right. I'll talk to you then. Bye!

> カード

■ロールプレイタスク２：キャンプ行事にはテントと小屋のどちらがふさわしいか

Card　生徒A/B共通

あなたの置かれている状況

　あなたと相手は中学２年生で，学校行事で行うキャンプ（７月実施・１泊）の企画について，キャンプ委員として話し合いを重ねています。今日は，宿泊について２人で話し合って原案を出すよう，先生から指示されています。テントに泊まるか，キャビン（小屋）に泊まるか，２人で話し合ってどちらかの立場を選び，英語で自分の意見を述べなさい。話し合いによって，お互いの考えを知り，納得できる結論を出すことを目指しましょう。

二人に共通の目標

　お互い，自分が好む宿泊手段をとれば，キャンプがより意義深いものになると考えています。

注意点

　お金は安ければよいのは言うまでもありませんが，安ければよいのでは，キャンプに行くこと自体が無駄なことになります。今回は，お金の話を出すのはNGとします。

自分の意見を論理的にまとめておこう

・意見：We should stay in tents. / We should stay in cabins.
・想定される問題／それが問題である根拠：

最初のセリフ（どちらかがShould以下のセリフを読み上げて始めましょう）
(OK, we are going camping in July. Today we're going to decide whether we should stay in tents or in log cabins.) Should we stay in tents or in cabins?

Useful expressions
虫よけスプレー anti-insect spray，ガスレンジ gas cooker，薪を燃やす burn firewood

Chapter ② 即興的にやり取りする力を育てる指導技術＆スピーキング活動

■ロールプレイタスク２：資料

Card　生徒A/B共通

資料１　スケジュール Schedule　　☆食事は自炊。指定時間内に準備・食事・後片付けを行う。

Day 1	Day 2
13:00　Arrival at the camping area	6:00　Start of Day 2
14:00-16:00　Recreation 1: Hiking	7:00-8:30　Breakfast (sandwiches + juice)
16:30-19:00　Dinner (curry and rice)	9:00-10:30　Recreation 3: Ball games
19:30-21:00　Recreation 2: Camp fire	11:00-13:30　Lunch (yakisoba noodle)
22:00　End of Day 1	14:00　Departure from the camping area

★出発・到着／食事／就寝・起床の時間は変更不可。泊数やキャンプ場の変更も不可。

資料２　施設について（あくまでキャンプのイメージをつかむための資料です。）

▼ A log cabin（見取り図）

Bath Toilet	Kitchen	Bedroom (for 7 students)
Entrance	Dining	
	Table	

※炊事・食事は屋内でできます

▼ A log cabin（写真）

↑ Dining Table があり，外でも食事ができます。

▼ The camping area (for 200 students)

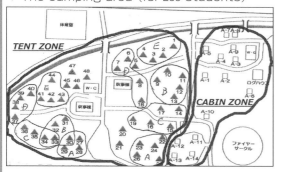

▼ Toilets in the campground ▼ A tent (for 7 students)

炊事棟 Cooking areas(big enough for 100 students)

★テント場とキャビン場とは隣接していて，地理的な有利・不利はありません。

会話の展開例　ロールプレイタスク２　（下線はカードにあった表現）

A : <u>Should we stay in tents or in cabins?</u>
B : I like cabins. A cabin is more comfortable.
A : Yes. I know, but I don't like that idea. "Camping" is sleeping in a tent, not staying in a cabin.
B : But if the weather is bad or it rains, we will be safe in a cabin.
A : If we stay in tents, the experience will be much better. We can help each other with many things.
B : What do you mean?
A : For example, some students may have trouble starting a fire or cooking outdoors. We will be in groups, so helping other groups is very positive.
B : I understand why you would like to use tents. But I think staying in a cabin is so much easier. There will be 4 students in a cabin, so we can look after each other, too. We don't have to worry about rain or insects.
A : You worry too much. We will be busy each day cooking and enjoying some activities. I'm sure everyone will be very tired and fall asleep in tents soon. Sleeping outside is so natural.
B : But I think many students will be scared to go to the toilet at night and worry about insects biting them. Also, snakes are dangerous.
A : Oh, I didn't think about that. OK, I have an idea. Let's make a questionnaire so that we can know which other students like better.
B : Great! That is a good idea!!

Chapter 2　即興的にやり取りする力を育てる指導技術&スピーキング活動

> カード

■ロールプレイタスク３：修学旅行中の観光は，グループ単位か，クラス単位か

Card　生徒A/B共通

あなたの置かれている状況

　あなたと相手は中学２年生で，来年度の修学旅行の旅程（来年度実施・２泊）の企画について，修学旅行委員として話し合いを重ねています。旅程の一部について２人で話し合って原案を出すよう，先生から指示されています。大きな方針として，グループで好みの行先を選択できる行動の時間を増やすか，学年全員で同じ観光地を回るか，どちらかの立場を選び，英語で自分の意見を述べなさい。

２人に共通の目標

　お互い，修学旅行を意義深いものにするため，ベストの方法を考えようとしています。

注意点

　観光地を巡るのに，貸し切りバスか公共交通機関かでは，現実にはコストの差があるはずですし，他にも，安全面について考慮して計画を立てるべきです。しかし，この活動では，それらの差を問題にせず，学年全体で動くのと，グループで動くのとで，どちらが修学旅行にふさわしいかについて議論します。

自分の意見を論理的にまとめておこう

・意見：We should visit sightseeing spots 　　　together ／ in small groups

・事実：

・理由：

・事実：

・理由：

・事実：

・理由：

最初のセリフ（どちらかが Today 以降のセリフを読み上げて始めましょう）

　（OK, we are going on a school trip next year.）Today we're going to decide whether we should visit sightseeing spots in groups or together on Day 3. Which would you like better?

Useful expressions

103

■ロールプレイタスク３：資料

Card　生徒A/B共通

資料１　スケジュール Schedule

Day 1

14:00	現地到着
14:30	サファリパーク見学開始　safari park tour
17:00	ホテル到着

Day 2

9:00	ホテル出発
10:00	歴史博物館見学開始　history museum tour
12:00	昼食
14:00	体験学習
18:00	ホテル到着

Day 3

9:00	ホテル出発
10:00	市内観光開始
13:00	ホテル集合・昼食→　現地出発

資料２　（想定される行先か，長崎や鎌倉など，有名な観光スポットが複数ある町の地図を利用してください（省略））。

Chapter 2　即興的にやり取りする力を育てる指導技術＆スピーキング活動

■ **会話の展開例　ロールプレイタスク3**　（下線はカードにあった表現）

A : Today we're going to decide whether we should visit sightseeing spots in groups or together on Day 3. Which would you like better?
B : I think a small group is best. It's easier to go to places and more fun with our close friends. We can relax more.
A : I understand the advantages. But if everyone stays together, it will be better for making new friends. Staying just with your best friends is not good.
B : I'm not good at talking to people because I'm shy. When I was in elementary school, we went on a school trip. Every day I was very quiet and felt like going home. I had a hard time.
A : Oh, I'm sorry to hear that, but you are older now and a very nice person. I'm sure you will make many new friends if we are all together. This school trip is not just for fun, but for getting to know each other.
B : Yes. I understand that. But we will be together on the bus, when we are eating and most of each day. I think on the third day, we should be able to be free and choose the students we want to spend time with.
A : OK, but please try to join in with other students you don't know and make new friends. This is positive for all of us and for this year at school.
B : You are right. Thank you for your kindness. I will try my best to do so.

> カード

■ロールプレイタスク４：子どもの将来に関して親子間で意見交換をしよう

Card　子ども　生徒A
あなたの置かれている状況

　あなたは高校１年生です。できるだけ早く１人で生活してみたくてしかたありません。あなたの親は，あなたが進学するにしても就職するにしても，親と一緒に住んで生活した方がよいと考えています。欲しいと言っただけお金が出てくるような家計ではありません。あなたは親の考えも経済状況も知っていますが，自分の考えを伝えることにしました。

　親は２人とも働いていますが，家事は全部やってくれています。妹が小学５年生です。

　自分の部屋もあって，快適な生活ができています。

考慮すべき観点
　living cost（生活費）
　safety（安全性）
　independence（自立のチャンス）

着地点を探すために
　親にしてみれば「青天の霹靂」です。あらゆる心配事を言って，思いとどまらせようとするでしょう。いったんは受け止めてから，反論しましょう。ただし今日は，自分の気持ちを伝えることに目標を置きましょう。

【メモ】
※ここに書いてある以外の理由で，１人暮らしをしたいと懇願するのもいいですよ。与えられた状況にあってさえいれば，あなたのリアルな気持ちを伝えればいいでしょう。

※あなたから話を切り出してください。

　<u>I'd like to talk about something. When I become a college student, I'd like to live alone.</u>

Useful expressions
by putting myself in a different environment
become fully grown up

Chapter ② 即興的にやり取りする力を育てる指導技術＆スピーキング活動

Card　親　生徒B

あなたの子どもは高校1年生です。できるだけ早く1人で生活してみたくてしかたありません。子どもが進学するにしても就職するにしても，自分（親）と一緒に住んで生活した方がよいと考えています。子どもは，反対を承知で，自分の考えを伝えることにしたようです。

親は2人で働いていますが，家事を全部やる時間は作れます。平均的な収入の家庭です。妹（小学5年生）もいますから，家から通って無駄な出費は減らす方がよいと考えています。子どもたちは自分の部屋もあって，快適な生活ができていると考えています。

考慮すべき観点
　　living cost（生活費）
　　safety（安全性）
　　independence（自立のチャンス）

着地点を探すために

相手の言い分を引き出すように，あらゆる心配事を言って，本気で反対していることを伝えてください。子どもにとって，生活コストや家事の大変さを知るよい機会です。ただしお金のことは，あまり言うと相手（子ども）は何も言えなくなりますから，注意しましょう。

今日は，自分の心配を伝えることを目標としましょう。一方，子どもが自立とは何かを考えていることを素直に喜び，子どもが将来をポジティブに考える意欲を引き出しましょう。

【メモ】
※相手はいろいろな理由をつけて懇願するでしょう。様々な可能性に備えておきましょう。
※時間が来たら，あなたが話を終わらせてください。

　<u>Today I learned that you have already started thinking about your future. I cannot say it's good or bad now only from my viewpoint.</u>

Useful expressions
our saving

会話の展開例　ロールプレイタスク４　（下線はカードにあった表現）

A : Mother, <u>I'd like to talk about something.</u>
B : Oh, what is it?
A : <u>When I become a college student, I'd like to live alone.</u>
B : What? I thought you would choose a college near our home.
A : Yes. I thought it would be good for me, too. But the other day I met one of my cousins who has just started living alone, and her new life sounds a lot of fun.
B : Tell me what it is like.
A : She really enjoys the freedom that she has got.
B : I can imagine, too. But you always do things you like. What's the difference?
A : Did you think that way? I have been aware that I should be a good girl in front of you.
B : By living with us, I think you can have a better life. If you start living alone, you will have to care about so many things. For example, you must think about what to eat for breakfast while the stores are open.
A : That's true. I understand living with you will be much easier. But if I always feel safe by living with you, I won't grow up. I think it will be much better to put myself in a totally different environment.
B : What about money? Our saving will not be enough for your college life if you live alone.
A : I am thinking of doing some part-time jobs.
B : Can you imagine how busy your life will be? You will have to spend most of your free time doing part-time jobs. You will be tired after coming back home. How can you study for the new courses that you will take at college?
A : It will be difficult for the first few months. But I can do it. I am your child.
B : Well, I hope it will work that way. But are you aware that your decision will influence your sister's future, too?
A : That's true. But, Mother, it will really be a good chance. I'm sure of that.
B : <u>Today I learned that you have already started thinking about your future. I cannot say it's good or bad now only from my viewpoint.</u>
A : Thank you for the time, Mother.

Chapter ② 即興的にやり取りする力を育てる指導技術＆スピーキング活動

> カード

■ロールプレイタスク５：デートの行き先について合意形成をしよう

Card　生徒Ａ

あなたの置かれている状況

　あなたはおつきあいしている相手（a girlfriend / a boyfriend）がいます。今週末は，その相手と動物園に行って，動物のショーを見てデートしたいと思っています。ただし相手はその提案には反対なようです。理由を聞き，代案を出して交渉しましょう。

２人に共通の目標

　今週末，デートには行く。

自分の意見を論理的にまとめておこう

・意見：I'd like to go to a monkey show at the zoo with you.
・事実：〈事実を複数述べて，動物のショーを正当化しようとしましょう〉
　　　　Monkeys can get food by performing in front of the audience.

・理由：Animals are just working like human beings. What's wrong?

妥協のポイント

　相手の気分を害するのは本意ではないので，自分の意見を述べた後，最終的には行き先を変更して提案しましょう。

最初のセリフ

　<u>Hi, are you free this weekend?</u>　相手の都合を確認し，それから提案しましょう。

Useful expressions
　perform
　audience
　cage 檻（おり）
　make you feel sad

109

Card　生徒B

あなたの置かれている状況
　あなたはおつきあいしている相手（a girlfriend / a boyfriend）から，動物園で動物のショーを見ようと誘われました。ただしショー見物は絶対にしたくありません。行き先を変えて，デートの誘いに応じる姿勢は見せましょう。

2人に共通の目標
　今週末，デートには行く。

自分の意見を論理的にまとめておこう
・意見：I'd like to go out with you, but NOT to the zoo.
・事実：〈事実を複数述べて，動物のショーの意義を否定しましょう〉
　　　　Wild animals don't like living in cages.

・理由：We can't make animals happy by keeping them in cages.

妥協のポイント
　自分にとって理不尽なことさえ避けられれば，賛成してもいいのではないでしょうか。

最初のセリフへの返答
　<u>Yes. Why are you asking it?</u>（肯定して，話を続けてください。）

使ってみればよいセリフ
　To be honest, we shouldn't keep animals in such small cages in a zoo.
　We should get them back to nature.
　Do you really think they like to perform for us?

Useful expressions
　release
　cages

Chapter ② 即興的にやり取りする力を育てる指導技術＆スピーキング活動

■ 会話の展開例　ロールプレイタスク5　（下線はカードにあった表現）

A : Hi, are you free this weekend?
B : Yes. Why are you asking it? How about you?
A : Well, I was thinking about going to the zoo together.
B : Hum. Why do you want to go there?
A : I really like watching animal shows. They can do so many things.
B : Oh, really? When I was younger, I loved watching them. These days, however, I have a different opinion.
A : Oh, what changed your mind? I think they are really funny.
B : To be honest, we shouldn't keep animals in such small cages in a zoo. We should return them back to nature.
A : Yes, but many animals cannot live in nature now. I think zoos are a safer environment for them.
B : OK. Sorry. I can see your point, but I don't really like watching animal shows. I sometimes see fear in the eyes of monkeys. I can imagine the hard training they had before the performance. It is cruel. I don't think they are enjoying performing for us.
A : Yes, but come on! Zoo keepers feed them every day and take care of them.
B : I know. We should feed and take care of them. Do you think they like living in the zoo? Which do they like better, living in the zoo or living in the mountains?
A : Yes, sorry. You're right. I didn't mean to make you feel sad. How about going somewhere else? I know! How about going to our teacher's house to feed the birds that are in his garden. He talked about it before his class started one day. Don't you remember? I hope he will be free this weekend.
A : Yeah! That's a great idea!! We must ask his schedule then.

4　生徒が学びを実感できるまとめ・振り返り活動アイデア

10　リフレクションシートでパフォーマンスを振り返ろう

対象　1～3年

■**活動のねらい**　生徒が，自分の思考や行動を把握し，目標と照らして認識する力を高める
生徒の成長の軌跡を記録させ，モニタリングし，指導に役立てる
■時　　間　5分
■準 備 物　タイマー，リフレクションシート（生徒人数分）

指導の手順

リフレクションシートを配布する（1人1枚）。シートの項目に沿って，自分のパフォーマンスを振り返るよう指示する。時間がきたら回収。（5分）

指導のポイント

- タイプ1 は，学んだ表現のリストを参照しながら記入させる。交渉を目的としたやり取りに慣れる前の段階では，発言をそのまま書くので，比較的取り組みやすい形式と思われる。
 タイプ2・3 は，交渉を目的としたやり取りを構造的に捉えて反省する必要がある。うまくやり取りを維持できなかったペアはネガティブな反省しか書けないので，交渉タスクに初めて取り組ませたような時期には，このタイプのシートに取り組ませるのは避けた方がよい。
- モニタの難しいペアワークでの生徒の成長ぶりを，自己申告に基づく記述ではあるものの，いくらかでも把握することにつなげる。
- 自分で伸びようとしているか，生徒の学びへの意欲のレベルもいくらか見ることができる。
- 自分が意識させたいところを，最低限意識させられているか，という観点で見ると，教師が自分の指導を反省する材料にもなる。

■**板書例**

```
＜振り返り時の注意＞
 同級生の使った表現や論拠をメモしておこう
 自分が使えなかった表現，思いつかなかった論拠は，忘れずにメモしよう。
 次回以降自分で使って，自分のモノにしてしまおう！
```

Chapter ② 即興的にやり取りする力を育てる指導技術＆スピーキング活動

> リフレクションシート

■タイプ１：交渉の場面で使われる表現の使用を意識させるリフレクションシート

英語授業 活動の振り返りリフレクションシート

　　　　　　　　　　　　　　　　年　　組　　番 名前　　　　　　　　　　

1　本日の活動の過程で，自分が関わったペアワークや代表ペアのパフォーマンスを振り返り，以下の事柄について整理しなさい。

　表現リスト（１）（２）で学んだ表現のうち，自分で使えたものを書きなさい。

　同じ表現のうち，同級生がうまく使っていたと思ったものを書きなさい。

2　もう一度この活動をすることになったら，どう改めたいですか？

■タイプ２：交渉の段階性を意識させるリフレクションシート

英語授業 活動の振り返りリフレクションシート

　　　　　　　　　　　　　　　　　　年　　組　　番 名前

1　英語での話し合いへ積極的に参加できましたか。

A【段階１】あなたの「本気さ」をアピールできた。　達成度：5・4・3・2・1
　□相手を説得しようと，意見を言えた。
　□より論理的に話すため，理由を複数言えた。
　□相手の意見や理由に対し，疑問を述べた。
　◎使った表現／学んだ表現：

B【段階２】相手がもっと話したくなるような配慮ができた。　達成度：5・4・3・2・1
　□相手の発言（の一部）を引用できた。
　□相手の意見や理由へコメントした。
　□相手の発言内容について，質問した。
　◎使った表現／学んだ表現：

C【段階３】代替案の提示ができた。　達成度：5・4・3・2・1
　□相手の意見や理由を再確認できた。
　□相手が代替案を持っていないか確認できた。
　□自分が代替案を述べた。
　□自分の代替案について，相手の立場との関連や相手の貢献を述べた。
　◎使った表現／学んだ表現：

2　次回への目標

■タイプ３：発言の論理性を意識させるリフレクションシート

英語授業 活動の振り返りリフレクションシート

　　　　　　　　　　　　　　　年　　組　　番 名前

1　本日の活動の過程で，以下のことができていたかどうか振り返って自己評価しなさい

観点１　論理的な会話の展開

　◎論理的な言語使用による自己主張　達成度：５・４・３・２・１
　　□意見や代案を述べられた。
　　□前提となる考え方を述べることができた。
　　□具体的な事実を述べてその意見がもっともであると言えた。

　◎相手の意見に対する即興の反応　達成度：５・４・３・２・１
　　□相手の意見の前提となる考え方を確認できた。
　　□相手の意見に対して感想を述べられた。

観点２　交渉のストラテジー（交渉成功に貢献する言語使用）

　◎発言権の獲得・維持　達成度：５・４・３・２・１
　　□リアクションの決まり文句を適切に使えた。
　　□言葉にはできていなかったが「あー」等と発して意思を伝えた。

　◎即興の反応による発言権獲得への準備　達成度：５・４・３・２・１
　　□相手の発言の意図を確認できた。
　　□相手の発言中のわからなかった言葉の意味を確認できた。

2　同級生から学んだこと（表現や態度についてなど）を具体的に以下に書きなさい。

3　もう一度この活動をすることになったら，どう改めたいですか？

Column3

授業を受けた生徒の感想

　Chapter 2の内容は，広島大学附属福山中・高等学校での実践を基にしています。特に交渉のロールプレイタスクは，2017年度の「英語探求（高校3年生対象・学校設定科目）」の一部（約25分×20回）で生徒が体験した活動を基にしています。授業の様子や，活動の効果を，生徒目線で共有していただければと思い，年度末に書いてもらった授業の感想の一部を紹介します。

①「交渉」を学んだ意義（その1）

　授業を受け始めた頃は，相手をどう言い負かせられるかということを意識して会話をしていたような気がします。しかし今では，相手の意見を聞き，要求も踏まえた上で，互いの理想に合った提案を目指すということを心がけられるようになったと思います。交渉や議論に慣れていないと，相手の粗探しに夢中になってしまって，有意義な話し合いができないと思います。意見の聞き方が大きく変わりました。（K・Hくん）

②「交渉」を学んだ意義（その2）

　授業で様々な身近な問題について考えることができたので，よい経験になったと思います。相手にもお互いの言い分があるわけで，どこに価値を置くのか，もしくはお互いの意見から新しい価値をみつけるのかということは，これから社会に出てもやっていかなくてはいけないことだと思います。英語だけでなく，社会で生きる人としても必要な力が少しはついたと自分では思っています。先生もとても楽しそうに授業をしてくださったし，すごく恵まれた環境でレベルの高い授業をみんなで作ることができたことを誇りに思います。（K・Aさん）

③授業を受けて自分の中で変わったこと

　英語探究の多くの時間をスピーキングに費やすと聞いた時，知識も少なく恥ずかしい，相手にどう思われるかと心配ばかりしていました。今は，読んだり書いたりも大切だけれど，英語は話せてこそ価値があると思っています。伝えたいことが伝わる時はとてもうれしい。言いたいことが上手く伝わらなかったときは落ち込む。話の展開や必要な表現について，反省・復習もしっかりした。とても苦労したが，その分記憶に残っていると思う。グローバルな社会になっているからこそ，交渉について得たことはより生かされるに違いないと思う。（W・Mさん）

④リフレクションシートの効果

　私は英語で人と話すのは苦手です。文法や語法を間違えていたら恥ずかしいと思っていました。実際にこの授業が始まると，どう言ったら相手がいい反応をするか，どうやって段階的に話を進めていけるかということの方に集中して，「あともう少しでゴール地点に行けた！」とか「今回は負けたな」と，毎回の授業で自分がどのレベルまで交渉を進められたかを考えるようになりました。（K・Aさん）

⑤授業運営のあり方について

　たくさん話すと英語を体にしみこませることができるのか，練習を何度もしていくうちに，日本語で考えてから英語を話すというより，英語のまま考えられるようになったところが増えたと思う。必修の授業で，英語探求の授業を受けていない生徒と英語でやり取りをした時に，多くのことが身についたと実感できた。ただ，授業中，代表者が発表した後，内容を詳しく考え直し，どんな言葉をかけたらいいか，みんなで考える時間があればもう少しあったら，きっと成長が実感できたと思う。でも，自分たちで会話する時間がたくさんあるところも，この授業の好きなところだったから，みんなで考える時間はもったいない気もする。（O・Sさん）

⑥卒業後の英語学習への展望

　意見の述べ方や確認の仕方，妥協案の提示方法など，たくさんのことを勉強できたので，必ず役に立つだろうと思います。けれども学校の授業では，生徒間の会話が授業の中心だったので，ネイティブスピーカーと会話はできるのかな，と少し心配です。これからの英語の授業は，テレビ電話の使用も含めて，ネイティブスピーカーと英会話をする機会が増えたらいいなと思います。大学生になったら留学もしたいし，もっと英語が話せるようになりたいと思っているので，今回の授業で，そのスタートが切れたような感じがしました。（Y・Aさん）

Chapter 3 即興的なスピーキング力を高める授業プラン&パフォーマンステスト

　Chapter 3は，実際の授業でどのように即興で話せる力をつけていくのか，単元計画や授業プランをみながら，その流れをイメージしていただくステージです。Chapter 1（理論編）で紹介した考え方や，Chapter 2で紹介した帯活動のパーツは，十分に理解していただいているでしょうか。いよいよ，生徒が知力を尽くして，英語で交渉を行う段階に来ました。制限時間では終わらないくらいの，本気のやり取りが生徒間で展開されます。楽しみですね。

　単元計画の方針は以下の通りです。
　2時間セットの授業でロールプレイできるような力をつけることを目的に，その授業の前の2週間（6～8時間分）の各英語授業の半分程度を使って帯活動に取り組ませ，やり取りに必要なスキルを磨き，ロールプレイタスクのトピックに関連する語彙を活性化し，言いたいことを滑らかに話せるようになるのに十分なレベルに（一時的ですが）引き上げます。こうすることで，即興でのやり取りに必要な，相手の発言に合わせて自分の発言の内容を調整することが可能になります。
　ロールプレイを行うには，ペアの2人が異なるカードを使ってスピーキング活動を行います。2時間セットの授業ですから，1時間目に使うカードと2時間目に使うカードが違うものになるよう，段取りしてください。1時間目は生徒AがカードAを，生徒BがカードBを使うとすれば，2時間目は生徒AがカードBを，生徒BがカードAを使うという要領です。ですから，「2時間セットの授業」の2時間目は，1時間目と異なるカードを使って同じ展開の授業を行うだけですので，授業プランでは，1時間目のみ提示してあります。

　授業プランの最後に，ロールプレイタスクを中心に考えた単元で用いるパフォーマンステストを提案しています。練習したタスクとよく似た設定で話させることにより，話題・場面に必要な語彙習得の問題をある程度解決した状態で，やり取りのスキルについて評価できるようにしています。対面式で試験官と話すタイプのテストとして作成しています。動員できる教師の数，テスト会場として使用できる空き教室の有無や移動距離など，それぞれの現場によって実施方法は異なると思いますが，テストのあり方について考えるヒントとなれば幸いです。Chapter 2（pp.27-28）の帯活動のスピーキングテスト実施要領を参考に，実施方法を検討してください。

1 生徒が即興的に話すようになる授業技術

1 指示や助言をしすぎないようにする

「指示」はシンプルに。毎回新しいルールの活動は，言語化への注意を削ぐばかり。
「助言」は段階的に。一度にたくさん助言しても耳に入らない。

2 説明をするより活動をさせる

同じタスク（大小問わず）に2回は繰り返し取り組ませます（ペアワークの相手は変える）が，ただ繰り返すだけでは，生徒がコツを偶然つかまない限り，成長は見られません。そうかと言って，タスクに取り組ませる前に，留意点を長々と話しても，言語化に必死なレベルの生徒には酷なだけです。何回も取り組む中で，目標を達成させるということを心がけましょう。

1回目ペアワークの前　※「本時の展開例」には「活動時の留意点」と省略して記載

・各生徒は，相手に自分のカードを見せない。
　Everyone, please do not show your card to your partner.
・聞き手は相づちをうったり，アイコンタクトをしたり，話し手が対話を続けやすいように聞く。
　Listeners, you should show your partner that you are listening by showing reaction or maintaining eye contact.
・話し手が話すことがなくなってしまった場合は，聞き手が質問やコメントして協力する。
　When your partner stops their speech, please make comments or ask questions about it.

2回目以降のペアワークの前　※「本時の展開例」には「ローテーションの指示」と記載

・違う相手とペアワークできるよう，ローテーションを指示する。
・1回目の練習時に気付いたことがあれば伝え，改善を促す（一度に複数の助言をしない）。
　（スキル）Did you repeat your partner's words while listening?
　　　　　　Do you remember that eye contact is important?
　（内容）　Did you use one of the words on this list（『価値観を表す表現リスト』）?

最後のペアワークの後　※「本時の展開例」には「代表者へのフィードバック」と記載

・生徒のペア2名か，教師と実演させる1名を指名し，うまくできた部分をコメントする。

2　授業プラン＆パフォーマンステスト

中学2年の授業プラン＆パフォーマンステスト

 相手の提案に対して異なる意見を言う

単元のねらい
・場面や相手の発言に応じて即興で英語を使う。（即興性）
・意見とそれを支えるのに妥当な複数の事実や理由を述べている。（論理性）

主な言語材料
・未来の表現，助動詞，副詞節（条件）

スキル向上のための帯活動
・帯活動1　相手の発言に言葉で反応する練習（pp.29-30 セット1・2）
・帯活動2　価値観を説明／コメントする練習（pp.78-79 Stage A）

単元展開のイメージ

回数	学習活動（活動時間）
6〜8回	帯活動1（10分）・帯活動2（10分）を1セット
2回	ロールプレイタスクを用いた授業（50分）

■本時のタスク

　2時間1セットで展開。1時間目と2時間目は異なるカードを利用する。1時間目に生徒Aのカードを使った生徒は，2時間目に生徒Bのカードを使う。

・課題1　相手の発言に言葉で反応する練習　（pp.29-30 セット1・2）
　　　　　価値観を説明／コメントするのに便利な表現を活性化する　（pp.78-79 Stage A）
・課題2　出来事を順序よく話すことに慣れる練習　（p.56 セット8）
・課題3　友人の提案と反対の立場で，自分の意見を言う（pp.97-98 ロールプレイタスク1）

■まとめ
・課題4　リフレクションシート（pp.113-115 リフレクションシート タイプ1〜3のどれか）

Chapter ③ 即興的なスピーキング力を高める授業プラン&パフォーマンステスト

本時の展開例　（課題3のカードは前時の授業で配布し，宿題として取り組ませておく）

時間	生徒の学習活動	教師の指導・支援
	課題1：やり取りを円滑にするため，会話のストラテジーを活性化する。	
5分	1 あいさつの後，帯活動1の復習。	・話しやすい雰囲気をつくる。
3分	2 帯活動2で用いた表現リストを音読する。	・役割練習課題で使うよう意識させる。
	課題2：発話の高速化のため，話題に関連した表現の引き出しを活性化する。	
2分	3 課題3（宿題）のカードと立場が一致するよう，課題2のカードをもらい準備する。	・活動の留意点を述べ，教材を配布する。
4分	4 〈1回目ペアワーク〉 カードの絵の流れで，話を伝える。	・机間巡視し，練習の様子を観察する。 ・2分で話者交代させる。
2分	5 和英辞典等を参照し，言えなかった表現を確認して次の活動に備える。	・辞書を使用するよう促す。 ・ペアの相手を交代するよう指示する。
4分	6 〈2回目ペアワーク〉 まとまりよく内容を伝えるよう工夫する。	・2分で話者交代させる。 ・代表ペアをだれにするか決める。
4分	7 指名された代表の生徒（各カード）は，他の生徒の前で発表する。	・代表者へのフィードバックをする。
	課題3：役割練習課題を用い，交渉の練習を行う。	
2分	8 ワークシート：How to take turns（p.86）を参照し，話の流れをイメージする。	・プリントを配布し，役割交代の仕方のポイントを説明する。
1分	9 準備した原稿を参照し，活動に備える。	
4分	10 〈1回目ペアワーク〉 どちらかが会話を始め，活動を始める。	・活動の留意点を述べ，開始の指示をする。
2分	11 和英辞典等を参照し，言えなかった表現を確認して次の活動に備える。	・机間巡視し，活動の様子を観察する。 ・辞書を使用するよう促す。
4分	12 〈2回目ペアワーク〉 相手の意見も聞き，交渉の段階を進める。	・ローテーションの指示をする。 ・活動の様子を見て，代表者を決める。
5分	13 ペアを1組指定して発表させるか，生徒を指名し，教師とのペアワークを実演する。	・代表者へのフィードバックをする。
	課題4：リフレクションシートを用い，活動の振り返りを行う。	
8分	14 活動の振り返りを個別に行う。	・3種類のシートのどちらかを用意する。

パフォーマンステスト

■面接カード（生徒用）：試合会場への移動は電車か自転車か

以下の設定において，約2分間，試験官と英語で会話しなさい。

【役割】
あなた：中学2年生 サッカー部副キャプテン
試験官：中学2年生 サッカー部キャプテン

【場面・状況】
あなたたちの所属するサッカー部は，中体連の大会にまもなく参加しますが，試合会場（the schoolでよい）の中学校に，電車で行くか，自転車で行くか，キャプテン（試験官）と話し合って決めるよう，顧問の先生から指示されています。会場校は，駅から徒歩3分程度の位置にあります。先生も生徒と同じ交通手段で行くことになります。

話し合って，お互いの考えを考慮し，納得のできる結論を出すことを目指しましょう。

【会話の始まり】
キャプテン（試験官）が交通手段について副キャプテン（あなた）の提案を聞くことで，対話が始まります。どちらの手段がよいか，あなたが考えて立場を決め，対話を続けなさい。試験官はあなたと反対の立場を取ります。

【資料】

	電車	自転車
運賃	200円（片道）	―
所要時間	約5分	約30分
その他	15分間隔で運転	―

【メモ】

Chapter ③ 即興的なスピーキング力を高める授業プラン&パフォーマンステスト

■試験官マニュアル：試合会場への移動は電車か自転車か

【役割】
　生徒：中学2年生　サッカー部副キャプテン
　あなた：中学2年生　サッカー部キャプテン

【場面・状況】
　あなたたちの所属するサッカー部は，中体連の大会にまもなく参加しますが，試合会場（the school でよい）の中学校に，電車で行くか，自転車で行くか，副キャプテン（生徒）と話し合って決めるよう，顧問の先生から指示されています。会場校は，駅から徒歩3分程度の位置にあります。先生も生徒と同じ交通手段で行くことになります。

【会話の始まり】
　あなたが"How should we go to the school? Would you like to go there by train or by bike?"と聞くことで，対話が始まります。どちらの手段が良いか，生徒が立場を決め，対話が始まります。あなたは生徒と反対の立場を取ります。

【資料】

	電車	自転車
運賃	200円（片道）	―
所要時間	約5分	約30分
その他	15分間隔で運転	―

【留意点】
　試験時間は2分間です。相手の最初の発言を聞き，不備を追求するのではなく，言い足りていない部分について質問して詳しく話させたり，さらに観点を変えて意見を考えられるように質問したり，発話を引き出すことを心がけてください。また，制限時間を意識して，対話を終わらせるようにしてください。

【それぞれの手段がよい理由】
☆自転車がよい　　　　　　　☆電車がよい
・save money　　　　　　　　・save time
・good for health　　　　　　・convenient
・warm-up before the game　　・safe

ルーブリック	論理性	即興性
S	相手の意見と自分の意見を関連付け，複数の事実や理由を述べている。	効果的に時間を稼ぎ，双方の利益に配慮した妥協案を考え，提案している。
A	意見と，それを支えるのに妥当な，複数の事実や理由を述べている。	相手の意見に，質問やコメントを述べ，関心を表明している。
B	意見と，それを支えるのに妥当な事実や理由を述べている。	相手の意見に，学んだ表現を用いて反応している。

会話の展開例

※二重下線部は論理性，波線部は即興性への評価ポイントとなる発言。

T : How should we go to the school? Would you like to go there by train or by bike?"

S : I'd like to go there by bike.

T : Oh, bike. Why?

S : We can save money if we go there by bike.

T : Yes. We can save money, but we can save just 400 yen. If we go there by train, we can save our energy.

S : Oh, you want to go there by train. We will spend some time for warm-up before the game starts, so we can save that time, too.

T : That's true, but it may rain, and I don't like riding my bike in the rain. It's dangerous, too.

S : Well, that's true. Then how about going there by train if it rains?

T : Sounds reasonable. But how can we decide to go there by train or bike if it rains a little?

S : Mmm. Many teammates will be in trouble.

T : Yes. I don't want to worry about weather before the game. I will be nervous then.

S : OK. We need 400 yen, but I understand your concern. Let's go there by train.

■生徒のパフォーマンスへのコメント

論理性A：自分の意見を支えるのに妥当な複数の事実や理由を述べている。

即興性S：効果的に時間を稼ぐ表現や妥協案を提案している。

中学2年の授業プラン&パフォーマンステスト

② 学校行事のあり方に関する意見交換　1

[単元のねらい]
- 時間を稼ぐ表現を使用して会話を継続させる。（即興性）
- 意見とそれを支えるのに妥当な複数の事実や理由を述べている。（論理性）

[主な言語材料]
- 比較・比喩（like）

[スキル向上のための帯活動]
- 帯活動1　相手の発言に言葉で反応する練習（pp.31-32 セット3・4を中心に）
- 帯活動2　出来事を順序よく話すことに慣れる練習（p.47 ワークシート1）
- 帯活動3　交渉に便利な表現を身につける（p.89 リスト（1））
- ロールプレイタスク　キャンプ委員間の意見交換（p.100 ロールプレイタスク2）

[単元展開のイメージ]

回数	学習活動（活動時間）
6〜8回	帯活動1（15分）・帯活動3（10分）
	帯活動2（15分）・帯活動3（10分）
1回	帯活動1評価問題／ロールプレイタスク予習（50分）
2回	ロールプレイタスクを用いた授業（50分）

※ロールプレイの前の授業で，ロールプレイで使用するカードを渡して準備させる。

■本時のタスク

　2時間で1セット。1時間目と2時間目は異なるカードを利用する。
- 課題1　相手の発言に言葉で反応する練習　（pp.31-32 セット3・4）
　　　　 交渉で便利な表現を活性化する　（p.89 リスト（1））
- 課題2　出来事を順序よく話すことに慣れる練習　（p.57 セット9）
- 課題3　キャンプ行事の宿泊に関する意見交換（p.100 ロールプレイタスク2）

■まとめ
- 課題4　リフレクションシート（pp.113-115 リフレクションシート タイプ1〜3のどれか）

本時の展開例　（課題3のカードは前時の授業で配布し，宿題として取り組ませておく）

時間	生徒の学習活動	教師の指導・支援
	課題1：やり取りを円滑にするため，会話のストラテジーを活性化する。	
5分	1　あいさつの後，帯活動1の復習。	・話しやすい雰囲気をつくる。
3分	2　帯活動3で用いた表現リストを音読する。	・役割練習課題で使うよう意識させる。
	課題2：発話の高速化のため，話題に関連した表現の引き出しを活性化する。	
2分	3　課題3（宿題）のカードと立場が一致するよう，課題2のカードをもらい準備する。	・活動の留意点を述べ，教材を配布する。
4分	4　〈1回目ペアワーク〉カードの絵の流れで，話を伝える。	・机間巡視し，練習の様子を観察する。 ・2分で話者交代させる。
2分	5　和英辞典等を参照し，言えなかった表現を確認して次の活動に備える。	・辞書を使用するよう促す。 ・ペアの相手を交代するよう指示する。
4分	6　〈2回目ペアワーク〉まとまりよく内容を伝えるよう工夫する。	・2分で話者交代させる。 ・代表ペアをだれにするか決める。
4分	7　指名された代表の生徒（各カード）は，他の生徒の前で発表する。	・代表者へのフィードバックをする。
	課題3：役割練習課題を用い，交渉の練習を行う。	
2分	8　ワークシート：How to take turns（p.86）を参照し，話の流れをイメージする。	・プリントを配布し，役割交代の仕方のポイントを説明する。
1分	9　準備した原稿を参照し，活動に備える。	
4分	10　〈1回目ペアワーク〉どちらかが会話を始め，活動を始める。	・活動の留意点を述べ，開始の指示をする。
2分	11　和英辞典等を参照し，言えなかった表現を確認して次の活動に備える。	・机間巡視し，活動の様子を観察する。 ・辞書を使用するよう促す。
4分	12　〈2回目ペアワーク〉相手の意見も聞き，交渉の段階を進める。	・ローテーションの指示をする。 ・活動の様子を見て，代表者を決める。
5分	13　ペアを1組指定して発表させるか，生徒を指名し，教師とのペアワークを実演する。	・代表者へのフィードバックをする。
	課題4：リフレクションシートを用い，活動の振り返りを行う。	
8分	14　活動の振り返りを個別に行う。	・3種類のシートのどれかを用意する。

Chapter 3　即興的なスピーキング力を高める授業プラン＆パフォーマンステスト

パフォーマンステスト

■面接カード（生徒用）：家族キャンプはテント泊かキャビン泊か

以下の設定において，約2分間，試験官と英語で会話しなさい。

【役割・場面・状況】

　あなたは中学2年生で，4人家族の1人です。夏休みに，父・母・弟（小6）と，1泊2日で高原でのキャンプに行くことを提案されました。宿泊について，テントがよいか，キャビンがよいか，親（試験官）が意見を求めてきます。あなたが好きな立場を決めて話し合いなさい。コストについては，理由に含めないこととします。

　話し合って，お互いの考えを考慮し，納得のできる結論を出すことを目指しましょう。

【会話の始まり】

　親（試験官）が宿泊についてあなたの提案を聞くことで，対話が始まります。

　どちらの手段がよいか，あなたが考えて立場を決め，対話を続けなさい。試験官はあなたと反対の立場を取ります。

【資料】

　施設については，授業で使用した資料を基に，イメージしてください。

【メモ】

■試験官マニュアル：家族キャンプはテント泊かキャビン泊か

【役割・場面・状況】
　あなたは４人家族の親（父か母のどちらか）です。夏休みに，生徒（中２）とその弟（小６）と，１泊２日で高原でのキャンプに行くことを提案します。宿泊について，テントがよいか，キャビンがよいか，あなたは子どもの意見を聞くことにしました。生徒が好きな立場を決めて話し合います。コストについては，理由に含めないこととします。また，他の２人は，この件についてはあなたたちに決定を任せることになっています。

【会話の始まり】
　あなたが"Should we stay in a tent or in a cabin? I'd like to know your opinion."と聞くことで，対話が始まります。どちらの手段がよいか，生徒が立場を決め，対話が始まります。あなたは生徒と反対の立場を取ります。

【資料】
　施設については，授業で使用した資料を基に，イメージしてください。

【留意点】
　試験時間は２分間です。相手の最初の発言を聞き，不備を追求するのではなく，言い足りていない部分について質問して詳しく話させたり，さらに観点を変えて意見を考えられるように質問したり，発話を引き出すことを心がけてください。また，制限時間を意識して，対話を終わらせるようにしてください。

【それぞれがよい理由】
☆テントがよい　　　　　☆キャビンがよい
・natural　　　　　　　・convenient
・unusual experience　　・safe
・promote cooperation　・insect-free
・　　　　　　　　　　　・

Chapter 3 　即興的なスピーキング力を高める授業プラン＆パフォーマンステスト

ルーブリック

	論理性	即興性
S	相手の意見と自分の意見を関連付け，複数の事実や理由を述べている。	効果的に時間を稼ぎ，双方の利益に配慮した妥協案を考え，提案している。
A	意見と，それを支えるのに妥当な，複数の事実や理由を述べている。	相手の意見に，質問やコメントを述べ，関心を表明している。
B	意見と，それを支えるのに妥当な事実や理由を述べている。	相手の意見に，学んだ表現を用いて反応している。

会話の展開例

　※二重下線部は論理性，波線部は即興性への評価ポイントとなる発言。

T : Should we stay in a tent or in a cabin? I'd like to know your opinion.
S : I like staying in a tent. A tent is more natural.
T : Natural? What do you mean? Tell me more about it.
S : A cabin isn't very different from a house. But going camping is an unusual experience. So we should stay in a tent.
T : I see. But we should work very hard if we use a tent. It can't be a holiday.
S : Do you think starting a fire is difficult?
T : Yes. That's a typical trouble. Also, a tent isn't clean. Staying in a cabin will be very comfortable.
S : I don't like that. It is like staying in a hotel. I want to enjoy unusual activities.
T : But you know, we will be tired if we have to work hard while camping.
S : It is cooler in the mountain, so you can take a good rest even in a tent.
T : I'm glad that you understand my concern. All right, we will use a tent, and enjoy an unusual experience.

■生徒のパフォーマンスへのコメント

論理性S：自分の意見を支えるのに妥当な複数の事実や理由を述べ，相手が気づいていない前提となる事実（山は涼しい）にも触れている。
即興性A：相手の意見に，質問やコメントを述べ，関心を表明している。

中学3年の授業プラン&パフォーマンステスト

学校行事のあり方に関する意見交換　2

単元のねらい
・時間を稼いだり，代案を述べたりできる。（即興性）
・相手の発言の意味や意図を確認できる。（社会性）
・相手が交渉前に気づいていない論点に注意を向けることができる。（論理性）

主な言語材料
・複文（I think / I don't think (that) S' V', Do you think S' V'）

スキル向上のための帯活動
・帯活動1　相手の言いたいことを短くまとめて確認する練習（pp.61-73）
・帯活動2　価値観を説明／コメントする練習（pp.74-87）
・帯活動3　交渉に便利な表現に慣れる練習（p.89 リスト（2））

単元展開のイメージ

回数	学習活動（活動時間）
6～8回	帯活動1（10分）・帯活動2（15分）
	帯活動3（10分）・帯活動2（15分）
1回	帯活動2評価問題／ロールプレイタスク予習（50分）
2回	ロールプレイタスクを用いた授業（50分）

※ロールプレイの前の授業で，ロールプレイで使用するカードを渡して準備させる。

■本時のタスク

　2時間で1セット。1時間目と2時間目は異なるカードを利用する。
・課題1　交渉に便利な表現リスト（p.89 リスト（2））
　　　　相手の大切にしている価値観に対しコメントする練習（p.84 Stage C）
・課題2　出来事を順序良く話すことに慣れる練習（p.58 セット10）
・課題3　修学旅行の観光地の巡り方に関する意見交換（pp.103-105 ロールプレイタスク3）

■まとめ
・課題4　リフレクションシート（pp.113-115 リフレクションシート タイプ1～3のいずれか）

Chapter ③ 即興的なスピーキング力を高める授業プラン＆パフォーマンステスト

本時の展開例 （課題3のカードは前時の授業で配布し，宿題として取り組ませておく）

時間	生徒の学習活動	教師の指導・支援
	課題1：やり取りを円滑にするため，会話のストラテジーを活性化する。	
8分	1 あいさつの後，表現リストの音読。 2 帯活動2 Stage Cのドリルをペアワークで行う。	・交渉で便利な表現の使用を意識させる。 ・相手の価値観にコメントするのに便利な表現の積極的な使用を意識させる。
	課題2：発話を高速化するため，話題に関連した表現を活性化する。	
2分	3 課題3（宿題）のカードと立場が一致するよう，課題2のカードをもらい準備する。	・活動の留意点を述べ，教材を配布する。
4分	4 〈1回目ペアワーク〉 カードの絵の流れで，話を伝える。	・机間巡視し，練習の様子を観察する。 ・2分で話者交代させる。
2分	5 和英辞典等を参照し，言えなかった表現を確認して次の活動に備える。	・辞書を使用するよう促す。 ・ペアの相手を交代するよう指示する。
4分	6 〈2回目ペアワーク〉 まとまりよく内容を伝えるよう工夫する。	・2分で話者交代させる。 ・代表ペアをだれにするか決める。
4分	7 代表の生徒（各カード1人）は，みんなの前で発表する。	・代表者へのフィードバックをする。
	課題3：役割練習課題を用い，交渉の練習を行う。	
2分	8 準備した原稿を参照し，準備する。	・辞書を使用するよう促す。
4分	9 〈1回目ペアワーク〉 どちらかが会話を切り出し，活動を始める。	・ペアの相手を交代するよう指示する。 ・机間巡視し，活動の様子を観察する。
2分	10 和英辞典等を参照し，言えなかった表現を確認して次の活動に備える。	・活動の留意点を述べ，開始の指示をする。
4分	11 〈2回目ペアワーク〉 相手の意見も聞き，交渉の段階を進める。	・ローテーションの指示をする。 ・辞書を使用するよう促す。
6分	12 ペアを指定して発表させるか，生徒を指名し，教師とのペアワークを実演する。	・ペアの相手を交代するよう指示する。 ・活動の様子を見て，代表者を決める。 ・代表者へのフィードバックをする。
	課題4：リフレクションシートを用い，活動の振り返りを行う。	
8分	13 活動の振り返りを個別に行う。	・3種類のシートのどれかを用意する。

> パフォーマンステスト

■面接カード（生徒用）：修学旅行は，行先を選択性にすべきか，みんなで同じ場所に行くべきか

以下の設定において，約2分間，試験官と英語で会話しなさい。

【役割・場面・状況】

　あなたと相手（試験官）は広島県の中学2年生で，来年度の修学旅行（the school trip）の旅程（2泊）の企画について，修学旅行委員として話し合いを始めます。2泊目の夕方以降のプログラム（3時間程度）で学年全体を3か所に分けて行先を選択できるようにするか，学年全員で同じ目的地に行くか，議論をするよう先生から指示されています。どちらかの立場を選び，英語で自分の意見を述べなさい。

　現実には選択制にするとコスト面で不公平感が出たり，引率の先生の負担が増えたりするなどの問題が出ますが，その2点については議論の対象としなくてよいことになっています。

　話し合って，お互いの考えを考慮し，納得のできる結論を出すことを目指しましょう。

【会話の始まり】

　相手（試験官）があなたの意見を聞くことで，対話が始まります。どちらがよいか（go in groups / go together），あなたが考えて立場を決め，対話を続けなさい。試験官はあなたと反対の立場を取ります。

【資料】

　選択できる行先は，①野球観戦（watch a baseball game at a stadium），②クラシックコンサート鑑賞（go to a classical music concert），③遊園地（go to an amusement park）とします。人数調整は不要とします。また，このプログラム以外はクラス単位でバスで移動し，全員同じ目的地に行くことになっています。

　どこか1か所に全員で行くとすれば，この中のどこか，とします。

Chapter 3 即興的なスピーキング力を高める授業プラン&パフォーマンステスト

■試験官マニュアル:修学旅行は,行先を選択性にすべきか,みんなで同じ場所に行くべきか

【役割・場面・状況】
　あなたと相手(生徒)は広島県の中学2年生で,来年度の修学旅行(the school trip)の旅程(2泊)の企画について,修学旅行委員として話し合いを始めます。2泊目の夕方以降のプログラム(3時間程度)で学年全体を3か所に分けて行先を選択できるようにするか,学年全員で同じ目的地に行くか,議論をするよう先生から指示されています。
　現実には選択制にするとコスト面で不公平感が出たり,引率の先生の負担が増えたりするなどの問題が出ますが,その2点については議論の対象としなくてよいことになっています。

【会話の始まり】
　あなたが生徒の意見を聞くことで,対話が始まります。どちらがよいか,生徒が考えて立場を決め,対話が始まります。あなたは生徒と反対の立場を取ります。

【資料】
　選択できる行先は,①野球観戦(watch a baseball game at a stadium),②クラシックコンサート鑑賞(go to a classical music concert),③遊園地(an amusement park)とします。人数調整は不要とします。また,このプログラム以外はクラス単位でバスで移動し,全員同じ目的地に行くことになっています。1か所に全員で行くとすれば,この中のどこかとします。

【留意点】
　試験時間は2分間です。相手の最初の発言を聞き,不備を追求するのではなく,言い足りていない部分について質問して詳しく話させ,さらに観点を変えて意見を考えられるように質問し,発話を引き出すことを心がけてください。また,制限時間を意識して,対話を終わらせるようにしてください。

【それぞれの利点】to get more satisfaction,
☆選択プログラム
・personal preference / interest
・some don't like going to places with the same members.
☆同一目的地
・Sharing the same experience is the most important.
・Most students don't care where to go.

ルーブリック

	論理性	即興性	社会性
S	相手の意見と自分の意見を関連付け，複数の事実や理由を述べている。	効果的に時間を稼ぎ，双方の利益に配慮した妥協案を考え，提案している。	相手の意見に反論する際，相手の論拠に理解を示すなど，心情に配慮している。
A	意見と，それを支えるのに妥当な，複数の事実や理由を述べている。	相手の意見に，質問やコメントを述べ，関心を表明している。	相手の発言の意図を確認するなど，立場の違いを確認している。
B	意見と，それを支えるのに妥当な事実や理由を述べている。	相手の意見に，学んだ表現を用いて反応している。	相手の意見に賛成・反対を述べている。

会話の展開例

※二重下線部は論理性，波線部は即興性，破線部は社会性への評価ポイントとなる発言。

T : Today we're going to decide the plan of the second evening. We should have three different places we can visit. Which do you like, going in groups or going together?

S : I'd like to go in groups.

T : In groups. Why?

S : I think if we can choose the place according to our interest, we will be more satisfied. I don't think everyone likes baseball, for example. Do you like going together?

T : That's true. Different people have different interests. But the good point of the school trip is that we will have the same experience.

S : I understand your concern. But we will spend most of the three days together. So, we already have the same experience. We should be able to choose our favorite program.

T : I agree. But do you think the three destinations can satisfy all of us? It is simply impossible, so going in groups cannot be the solution to this problem.

S : Now I understand you. What should we do then?

T : We should ask all of us about this. Then we should talk about it again.

S : All right.

■生徒のパフォーマンスへのコメント

論理性A：自分の意見を支えるのに妥当な理由や事実を複数述べている。

即興性A：学んだ表現を用いて反応し，相手の意見にコメントを述べている。

社会性A：相手が発言しやすいように質問して気遣っている。

中学３年の授業プラン＆パフォーマンステスト

④ 進路決定に関する親子間の意見交換

単元のねらい
- 時間を稼いだり，代案を述べたりできる。（即興性）
- 相手の発言の意味や意図を確認できる。（社会性）
- 相手が交渉前に気づいていない論点に注意を向けることができる。（論理性）

主な言語材料
- 複文（think, know, hear, understand などを用いて）

スキル向上のための帯活動
- 帯活動１　Conversation Strategies への習熟　（pp.37-42 セット５～７）
- 帯活動２　自分の価値観を相手に説明する練習（pp.85-87 Stage D）
- 帯活動３　交渉に便利な表現に慣れる練習　（p.89 リスト（２））

単元展開のイメージ

回数	学習活動（活動時間）
６～８回	帯活動１（10分）・帯活動２（15分）
	帯活動１（10分）・帯活動３（15分）
１回	帯活動２評価問題／ロールプレイタスク予習（50分）
２回	ロールプレイタスクを用いた授業（50分）

※ロールプレイの前の授業で，ロールプレイで使用するカードを渡して準備させる。

■本時のタスク

２時間で１セット。１時間目と２時間目は異なるカードを利用する。
- 課題１　帯活動をどれか１つ復習する。
- 課題２　出来事を順序よく話すことに慣れる練習　（p.59 セット11）
- 課題３　親子間の将来に関する意見交換（pp.106-108 ロールプレイタスク４）※宿題

■まとめ
- 課題４　リフレクションシート（pp.113-115 リフレクションシート タイプ１～３のいずれか）

本時の展開例　（課題3のカードは前時の授業で配布し，宿題として取り組ませておく）

時間	生徒の学習活動	教師の指導・支援
	課題1：やり取りを円滑にするため，会話のストラテジーを活性化する。	
9分	1　あいさつの後，表現リストの音読。 2　帯活動2 Stage Dをペアワークで行う。	・役割練習課題の遂行に必要なスキルや知識を活性化し，話しやすい雰囲気をつくる。
	課題2：発話を高速化するため，話題に関連した表現を活性化する。	
2分	3　**課題3**（宿題）のカードと立場が一致するよう，**課題2**のカードをもらい準備する。	・活動の留意点を述べ，教材を配布する。
4分	4　〈1回目ペアワーク〉 　カードの絵の流れで，話を伝える。	・机間巡視し，練習の様子を観察する。 ・2分で話者交代させる。
2分	5　和英辞典等を参照し，言えなかった表現を確認して次の活動に備える。	・辞書を使用するよう促す。 ・ペアの相手を交代するよう指示する。
3分	6　〈2回目ペアワーク〉 　まとまりよく内容を伝えるよう工夫する。	・2分で話者交代させる。 ・代表ペアをだれにするか決める。
4分	7　代表の生徒（各カード1人）は，みんなの前で発表する。	・代表者へのフィードバックをする。
	課題3：役割練習課題を用い，交渉の練習を行う。	
2分	8　準備した原稿を参照し，準備する。	・辞書を使用するよう促す。
4分	9　〈1回目ペアワーク〉 　どちらかが会話を切り出し，活動を始める。	・ペアの相手を交代するよう指示する。 ・机間巡視し，活動の様子を観察する。
2分	10　和英辞典等を参照し，言えなかった表現を確認して次の活動に備える。	・活動の留意点を述べ，開始の指示をする。
4分	11　〈2回目ペアワーク〉 　相手の意見も聞き，交渉の段階を進める。	・ローテーションの指示をする。 ・辞書を使用するよう促す。
6分	12　ペアを指定して発表させるか，生徒を指名し，教師とのペアワークを実演する。	・ペアの相手を交代するよう指示する。 ・活動の様子を見て，代表者を決める。
	課題4：リフレクションシートを用い，活動の振り返りを行う。	
8分	13　活動の振り返りを個別に行う。	・3種類のシートのどれかを用意する。

Chapter 3 　即興的なスピーキング力を高める授業プラン&パフォーマンステスト

> パフォーマンステスト

■面接カード（生徒用）：通学時間は無駄な時間か

　以下の設定において，約2分間，試験官と英語で会話しなさい。

【役割・場面・状況】
　あなたは中学3年生で，現在，どの高校に進学するのがよいか，悩んでいます。自分が魅力的だと感じる高校は，電車を使って片道2時間もかかります。親（試験官）は，通学にそんなに時間をかけるくらいなら，徒歩10分の近くの高校に行けばいいと思っています。自分が理想とする高校生活を送るのには，遠くの高校の方が適していて，近くの学校ではそれがかなえられないという前提で説明を展開しなさい。学力的には問題がないという設定とします。
　話し合って，お互いの考えを考慮し，納得のできる結論を出すことを目指しましょう。

【会話の始まり】
　あなたが，I want to go to 〇〇 High School. と言って，会話を切り出します。相手（試験官）があなたの意見を聞くことで，対話が始まります。あなたが高校生活で大切にしたいことの優先順位を決め，対話を続けなさい。試験官は長い通学時間が最も無駄だという立場を取り，△△ High School への進学を勧めます。

【メモ】
・校風 school tradition
・

※〇〇や△△の部分（高校名）は任意でつけてください。

■試験官マニュアル：通学時間は無駄な時間か

【役割・場面・状況】
　あなたは中学3年生の子どもの親で，子どもは現在，どの高校に進学するのがよいか，悩んでいます。子どもが魅力的だと感じる高校は，電車を使って片道2時間もかかります。あなたは，通学にそんなに時間をかけるくらいなら，徒歩10分の近くの高校に行けばいいと思っています。話し合いを通じて，子どもは理想とする高校生活を語ります。親の言う近くの学校ではそれがかなえられないという前提で説明を展開します。学力的には問題がないという設定とします。

【会話の始まり】
　あなたの子ども（生徒）が，I want to go to ○○ High School. と言って，会話を切り出します。子どもの意見を聞くことで，対話を展開してください。子どもにとって高校生活で大切にしたいことは何か，優先順位がわかるように，意見を聞きだしましょう。あなたは長い通学時間が最も無駄だという立場を取り，△△ High School への進学を勧めます。

【資料】
　特に用意しません。具体的な高校の資料をつけるより，生徒が頭の中で描いている理想の高校生活を語らせることに主眼を置きます。

【留意点】
　試験時間は2分間です。相手の最初の発言を聞き，不備を追求するのではなく，言い足りていない部分について質問して詳しく話させ，さらに観点を変えて意見を考えられるように質問し，発話を引き出すことを心がけてください。また，制限時間を意識して，対話を終わらせるようにしてください。

【高校生活を左右する要因】
・進学　Many students at the school study hard to go to university.
　　　　⇔ I don't want to study hard at the high school.
・部活　The school has a very strong (baseball) team.
　　　　⇔ I want to enjoy (baseball), but not in the strong team.
・アルバイト　Doing part-time jobs is important before I get a job in the future.
・規模　The school has many classes. So it has more clubs.
　　　　⇔ I can know most of the students if we go to a small school.

Chapter 3　即興的なスピーキング力を高める授業プラン&パフォーマンステスト

ルーブリック

	論理性	即興性	社会性
S	相手の意見と自分の意見を関連付け，複数の事実や理由を述べている。	効果的に時間を稼ぎ，双方の利益に配慮した妥協案を考え，提案している。	相手の意見に反論する際，相手の論拠に理解を示すなど，心情に配慮している。
A	意見と，それを支えるのに妥当な，複数の事実や理由を述べている。	相手の意見に，質問やコメントを述べ，関心を表明している。	相手の発言の意図を確認するなど，立場の違いを確認している。
B	意見と，それを支えるのに妥当な事実や理由を述べている。	相手の意見に，学んだ表現を用いて反応している。	相手の意見に賛成・反対を述べている。

会話の展開例

※二重下線部は論理性，波線部は即興性，破線部は社会性への評価ポイントとなる発言。

S : I want to go to ○○ High School.
T : Oh, ○○ High School is attractive to you! Do you know it takes 2 hours to go there?
S : Well, I want to be a good basketball player, and the school has a very strong team.
T : I know you like basketball, but can you join the practice before the class starts? You have to get up at 4:30 every morning.
S : I will.
T : But I don't think I can make a bento lunch for you.
S : I understand that it is too early. But I hear that the school has a cafeteria.
T : It means it costs a lot. You must remember it. Why do you think △△ High School isn't good? You can sleep even until 8 o'clock.
S : Mother, please understand that I really want to be a good basketball player.
T : You cannot use four hours for other purposes. Can you imagine?
S : I will do my homework on the train to go to bed early every night.
T : I understand how serious you are. But we must talk about this later again. OK?
S : I see. Thank you.

■生徒のパフォーマンスへのコメント

論理性A：意見と，それを支えるのに妥当な事実を複数述べている。
即興性A：学んだ意見を用いて反応している。反論はおおむねスピーディにできている。
社会性A：相手の心配を受け止め，妥当な意見を述べて安心させている。

おわりに

　英語教師になったころ，スピーキング指導について自分がわかっていたのは，「英語を話さないと，話せるようにはならない」ということぐらいで，週5時間程度の授業で，40人の中高生をどう指導するかについて，ほとんどわかっていませんでした。英語を話せる力をつける授業とはどうあるべきか，先進的な取り組みを参考に，見よう見まねで実践を進めました。生徒たちはみな，一生懸命取り組んでくれましたが，持っている知識を，話す場面で十分に発揮できないまま卒業する生徒も多く，残念ながら「英語を話させるだけでは，必ずしも話せるようにはならない」とわかっただけでした。例えばある年の中学3年生に，1分間スピーチを何度やらせても，先行事例のように発話語数が増えていかなかったことには随分落胆しました。スピーキング指導をテーマに，科研費等の研究予算を何回か取得し，追求を試みましたが，持病の悪化で日々の業務に精一杯の時期もあり，指導のあり方の解明に近づいたとはとても言えない状態で，何年も過ぎていきました。

　「やり取り」や「即興性」が，英語教育の中で大きく取り上げられるようになり，生徒にそのような力をつけるには自分がもっと勉強しないといけないと思うようになりました。2015年に広島大学大学院教育学研究科博士課程で学ぶ機会を得て，スピーキング指導について研究を始めました。本書の理論的な部分は，2015年度・2016年度のゼミで発表した資料に基づいています。松浦伸和先生，樫葉みつ子先生，兼重昇先生の指導助言もあり，2017年には学会発表もできました。

　実践的な内容の多くは，授業で活動を行った生徒たちとの交流の中で生まれました。初めて試す活動では少々の混乱もあったケースもありましたが，生徒の機転の利いた対処によって，よりよい実践として結実したことも幾度となくありました。生徒の素直な反応や，一緒に授業を作り上げようという思いにあふれたコメントは，自分の指導への有益なフィードバックでした。ミネソタ大学の恩師に，"You shouldn't start the war alone." と忠告されたことを今でも覚えていますが，新しいことを始めるには，仲間を作らないとだめだとつくづく思います。ですから広島大学附属福山中・高等学校の先生方と，共同研究，公開研究会，校内研修会はもちろん，授業準備も含めたあらゆる場面において，スピーキング指導のみならず，英語指導に関わることについて，日常的に意見交換していただける環境にあることも，本書に関わる授業実践の支えになっています。熱心な先生方と仕事ができ，本当に幸運だと思います。

　自分を動かしてくれた言葉をいくつか紹介します。ペアワークが当たり前とは言えなかったころの生徒が，「下手な生徒と英語で話して，どんな意味があるん？」と，つぶやきました。

自分でわかっていなかったところがあったからか，その時は黙ってしまいました。今だったら「スポーツだったら，始めたばかりの選手は，下手どうしで練習するでしょ」と言おうかと思います（これにも反論の余地があることは想定しています）。ある年の公開研究会で，「先生がニコニコして生徒の発表を聞いていると，生徒は失敗しても大丈夫だと安心して英語で話せる」と，授業へコメントをいただきました。生徒が楽しそうに，いや，一生懸命に話す姿をみて，微笑ましくてニコニコしていたというのもあったのですが，教師の態度が生徒のパフォーマンスに影響することを改めて意識するようになりました。しかし，同じ授業に対し，他の先生からは「課題にリアリティがない」という指摘もいただきました。その日は落ち込みましたが，「授業に満足できることなんて，１年に数回しかないよ」と，教育実習で指導していただいた，大ベテランの先生に言われたことを思い出しました。この数年間は，大学院で学ばせてもらっていることへの恩返しとしても，積極的に授業を公開しようと考えるようになりました。やり取りする活動を中心にした授業を公開した時には，「たくさんの知識とヒント，そして教えることに勇気を頂きました」と，コメントを頂きました。新しいことを始める時には，失敗したらどうしよう，という心配は大きいものです。自分は，生徒のためにやらないといけない，と覚悟を決めて取り組みましたが，そのことが，他の先生を勇気づけることにもなったのなら，たいへんうれしく思います。

　本書の執筆にあたっては，以下の方々に，直接お世話になりました。この場をお借りして，みなさまに心よりのお礼を申し上げます。まず，樫葉みつ子先生に，やり取りの指導の，書籍による普及のご提案をいただきました。明治図書の木山麻衣子氏には，執筆する機会をいただき，温かいご助言をいただきました。広島大学附属中・高等学校の山岡大基先生には，論理的に表現することについて，先生が福山で勤務していた時以来，様々な機会を通じて教えていただきました。英文の作成と校正は，当校 ALT の Nick Jennings 先生に手伝ってもらいました。本書の対話教材の多くは，彼との数年に渡る意見交換から生まれました。イラストは，卒業生の小山春佳さんと福井綾乃さんに手伝ってもらいました。楽しそうに英語を話す姿が印象的な２人でしたが，教材に親しみやすさを加えてもらえたと思います。妻には，草稿も含め，すべての原稿に目を通してもらいました。県立高校での英語指導経験に基づく彼女の指摘には鋭いものが多く，多くの読者に親しんでもらえるようにと，推敲につきあってくれました。また，息子たちには，違った種類の影響を受けました。彼らの幼い頃は，机に向かう姿を家でも見せようと，同じ部屋で３つ机を並べて一緒に時間を過ごしたものですが，今では家を離れ，学問への知的探求を志すようにそれぞれ成長しました。その２人に負けたくないと思う気持ちが，日々頑張るエネルギーの源となっています。

2019年１月　　　　　　　　　　　　　　　　　　　　　　　　　　　　千菊　基司

【著者紹介】

千菊　基司（せんぎく　もとじ）

　1967年京都市下京区に生まれる。三重県立松阪高等学校，広島大学教育学部教科教育学科（英語教育学）卒業。1992年MA取得（ミネソタ大学）。広島県立廿日市高等学校勤務を経て，1996年より広島大学附属福山中・高等学校に勤務，現在に至る。

　2001～2003年　広島大学教育学部（4年生対象）の「英語教育特講」担当。
　2018年　高知県教科指導力向上研修Ⅰ（教師力ブラッシュアップ事業）の研究授業講師。

授業をグーンと楽しくする英語教材シリーズ㊵
即興的に話す交渉力を高める！
中学校英語スピーキング活動アイデア＆ワーク

| 2019年2月初版第1刷刊 | Ⓒ著　者 | 千　菊　基　司 |
| 2021年11月初版第4刷刊 | | |

　　　　　　　　　　発行者　藤　原　光　政
　　　　　　　　　　発行所　明治図書出版株式会社
　　　　　　　　　　　　　　http://www.meijitosho.co.jp
　　　　　　　　　　（企画）木山麻衣子（校正）吉田　茜
　　　　　　　　　　〒114-0023　東京都北区滝野川7-46-1
　　　　　　　　　　振替00160-5-151318　電話03(5907)6702
　　　　　　　　　　ご注文窓口　電話03(5907)6668

＊検印省略　　　　　組版所　広研印刷株式会社

本書の無断コピーは，著作権・出版権にふれます。ご注意ください。
教材部分は，学校の授業過程での使用に限り，複製することができます。

Printed in Japan　　　　　　ISBN978-4-18-247912-0

もれなくクーポンがもらえる！読者アンケートはこちらから
→

学習指導要領を教室の学びに落とし込む！

中学校 新学習指導要領　英語の授業づくり

本多敏幸 著【2868】A5判・1760円＋税

資質・能力、主体的・対話的で深い学び、領域統合型の言語活動、英語で授業…など、様々な新しいキーワードが提示された新学習指導要領。それらをどのように授業で具現化すればよいのかを徹底解説。校内研修、研究授業から先行実施まで、あらゆる場面で活用できる1冊！

目次より

第1章　キーワードで見る新学習指導要領改訂のポイント
　　　（新学習指導要領の特徴／中学校外国語科の目標／学習評価の3観点他）
第2章　資質・能力を育む外国語科の指導のポイント
　　　（「主体的・対話的で深い学び」の視点からの授業改善／語彙の指導他）
第3章　新学習指導要領を踏まえた授業づくりと評価のポイント
　　　（新学習指導要領に適した授業デザイン／小・中連携の授業アイデア他）

目指せ！英語授業の達人 33

授業が変わる！英語教師のための アクティブ・ラーニングガイドブック

上山晋平 著【2342】B5判・2100円＋税

英語教師が知っておきたいアクティブ・ラーニングの様々な理論から、AL型授業の環境づくり、授業モデル、家庭学習指導、評価・テスト、他教科との連携まで、習得・活用・探究のプロセスを考えたアクティブ・ラーニング型英語授業づくりのすべてがわかる1冊です！

目次より

Part1　入門編　知っておきたい！アクティブ・ラーニングの基礎・基本
Part2　準備編　「チーム学校」で進める！アクティブ・ラーニングの環境づくり
Part3　理論編　押さえたい！アクティブ・ラーニング型授業の指導技術
Part4　授業編　4技能を育てるアクティブ・ラーニング型授業モデル
Part5　家庭学習編　Deep AL をさらに推進する！家庭学習の促し方
Part6　評価編　アクティブ・ラーニング型授業を支える評価とテスト
Part7　教科外編　アクティブ・ラーニングでつながる教科外学習

明治図書　携帯・スマートフォンからは　明治図書ONLINE へ　書籍の検索、注文ができます。　▶▶▶
http://www.meijitosho.co.jp　＊併記4桁の図書番号（英数字）でHP、携帯での検索・注文が簡単に行えます。
〒114-0023　東京都北区滝野川7-46-1　ご注文窓口　TEL 03-5907-6668　FAX 050-3156-2790